내 손 안의 경남 005

가야, 그리고 사람들

내 손 안의 경남 *005*
가야, 그리고 사람들

초판 1쇄 발행 2011년 12월 30일

저 자 _남재우
펴낸이 _윤관백

편 집 _김현진 ▮ **표 지** _김현진 ▮ **제 작** _양경화 ▮ **영 업** _이주하
펴낸곳 _ 도서출판 선인 ▮ **인 쇄** _대덕문화사 ▮ **제 본** _바다제책
등 록 _ 제5-77호(1998.11.4)
주 소 _ 서울시 마포구 마포동 324-1 곶마루 B/D 1층
전 화 _ 02)718-6252/6257 ▮ **팩 스** _ 02)718-6253 ▮ E-mail _ sunin72@chol.com
정 가 14,000원

ISBN 978-89-5933-373-8 04900(세트)
ISBN 978-89-5933-514-5 04900

· 저자와의 협의에 의해 인지 생략.
· 잘못된 책은 바꿔 드립니다.

내 손 안의 경남 005

가야, 그리고 사람들

| 남재우 |

머리말

흔히들 가야를 '신화와 전설' 속의 역사라고 말한다. 역사교과서에 보이는 가야는 고구려를 비롯한 삼국과 달리 고대국가로 발전하지 못한 후진적인 정치집단으로 이해한다. 하지만 1980년 이후 고고학자료의 확대와 문헌에 대한 재해석으로 가야에 대한 많은 사실이 밝혀졌다.

그 결과 가야는 한국의 고대사회에서 삼국과 어깨를 나란히 하였으며, 중국과 일본과의 교류도 활발했던 정치집단이었다는 사실이 확인되었고, 가야의 전개과정이 연대기적으로 정리되기에 이르렀다. 이를 근거로 한국의 고대사회를 '삼국시대'가 아니라 '사국(四國)시대'라 불러야 한다는 견해가 제기되기도 했다. '사국시대'설의 타당성 여부를 떠나 가야사연구가 급진전되고 많은 연구성과가 축적되었음을 말해주는 것임에 틀림없다.

이 글의 내용은 최근 30년간의 가야사에 대한 연구결과와 고고학자료를 바탕으로 서술되었다. 가야의 발전과정, 가야에 속했던 나라들, 가야의 사람들에 대한 이야기를 담고 있다. 가야에는 여러 나라들이 존재하고 있었다. 가야 전기에는 12국이, 후기에는 13국이 있었다. 이들 나라 외에도 다양한 나라이름이 역사서에 나타나고 있다. 동일한 지역인데도 서로 다른 국명이 전해지기도 한다. 그 이유는 아마 가야를 주체로 하여 서술된 역사서가 없기 때문일 것이다. 역사서에 등장하는 가야사람들도 삼국에 비해 많은 편은 아니다. 하지만 가야의 형성과 발전과정에서 제 몫을 다했던 사람들이 있었다. 가야가 멸망한 이후에도 신라 정부 내에서 중심적 역할을 한 사람도 있었다.

이 책은 창원대학교 경남학연구센터에서 발행하고 있는 경남지역의 역사와 문화에 대한 이야기, '내 손 안의 경남'이라는 기획시리즈의 하나로 서술되었다. 가야의 역사는 경남지역이 중심무대이므로, 가야의 역사는 고대 경남지역의 역사이기 때문이다. 쉽게 읽을 수 있는 글을 쓰려고 애썼지만 지은이의 능력이 그에 미치지 못했다. 이해를 돕기 위해 그림을 많이 넣으려고 했다. 이 책이 오늘을 사는 경남지역의 사람들에게 가야시대 사람들의 삶의 경험을 이해하는데 조금이나마 도움이 되었으면 하는 바람이다. 그림자료를 싣는데 도움을 준 창원대 박물관 박현열선생, 그리고 예쁜 책으로 만들어주신 도서출판 선인 편집부에게 고마움을 전한다.

2011. 12.

남재우

가야, 그리고 사람들

내 손 안의 경남 005

Ⅰ. 가야사의 이해를 위하여	8
1. 한국고대사 속의 가야	10
2. 가야, 그 이름의 의미	24
3. 가야사의 시작과 끝	30
4. 가야, 그 역사의 무대	38
5. 전쟁과 가야의 발전	48
6. 고대국가, 대가야와 아라가야	63
7. 가야의 멸망	73
8. 건국신화로 본 가야	79
Ⅱ. 가야의 여러 나라들	88
1. 해상왕국, 골포국(骨浦國)	92
2. 포상팔국의 하나, 칠포국(柒浦國)	102
3. 가야 최초의 나라, 가락국	112
4. 아름다운 이름, 아라(阿羅)가야	126
5. 가야와 신라의 접점, 비화가야	140
6. 중개무역의 중심지, 탁순국(卓淳國)	151
7. 구슬의 나라, 다라국(多羅國)	159
8. 철의 나라, 소가야(小伽耶)	169
Ⅲ. 가야의 사람들	180
1. 신화 속의 사람들	182
2. 슬픈 가야사람들	211
3. 신라 속의 가야사람들	244
참고문헌	271

I장
가야사의 이해를 위하여

1. 한국고대사 속의 가야
2. 가야, 그 이름의 의미
3. 가야사의 시작과 끝
4. 가야, 그 역사의 무대
5. 전쟁과 가야의 발전
   1) 포상팔국전쟁
   2) 광개토왕의 남정(南征)
6. 고대국가, 대가야와 아라가야
7. 가야의 멸망
8. 건국신화로 본 가야

Ⅰ. 가야사의 이해를 위하여

1980년 이전까지의 가야사 연구는 한반도와 일본의 대외관계에 대한 관심이 대부분이었다. 근대적 학문연구방법으로 가야사연구가 시작된 것은 일본인에 의해서였고, 그들에 의해서 비롯된 가야사연구는 그 자체가 불행의 시작이었다. 일제에 의한 가야사연구는 정치적 목적에서 비롯되었고, 소위 '임나일본부설(任那日本府說)'을 만들어냈기 때문이다. '임나일본부설'은 일본 식민사관의 대표적 이론이며, 이 학설은 일본인과 한국인이 같은 뿌리에서 태어났다는 '일선동조론(日鮮同祖論)'과 함께 일제 36년간 식민통치를 합리화하는 수단으로 활용되었다.

일본인에 의한 가야사연구의 대부분은 임나일본부를 증명하는 것이었고, 우리나라의 연구자들은 임나일본부를 반대하는 것이 가야사연구의 대부분이었다. 해방이후 고대 한일관계사연구의 커다란 쟁점이 임나일본부였으며, 이것은 우리

학계로 하여금 가야사 연구를 기피하는 요인이 되기도 했다.
 가야를 주체로 한 가야사 연구가 본격적으로 시작된 것은 1980년 이후부터 30년 정도에 불과하다. 가야의 옛터에서 문화유산이 발굴되고, 문헌기록에 대한 적극적 해석이 이루어지면서 이제 겨우 가야사가 한국고대사의 주변부가 아니라 한국고대사회의 발전과정에서 삼국과 더불어 어깨를 나란히 했던 정치집단이라는 인식이 생겨나기 시작했다. 이에 따라 가야사의 전개과정을 연대기적으로 서술하는 것이 가능해졌을 뿐이다. 그 결과 한국의 고대사회를 삼국시대가 아닌 '사국시대(四國時代)'로 보아야 한다는 견해가 제시되기도 했다. 하지만 이러한 성과에도 불구하고 가야사연구는 아직도 남은 문제가 많다.

1. 한국고대사 속의 가야

고구려, 백제, 신라만으로 한국고대사회를 설명할 수는 없다. 가야는 삼국과 함께 했던 많은 시간들이 있었고, 삼국과 동등한 입장에서 호흡하고 있었다. 따라서 가야사에 대한 이해없이 한국고대사회를 이해할 수 없다. 가야없이 삼국만이 정립했던 시기는 가야가 멸망한 562년 이후 백제가 멸망하는 660년까지 100년에도 미치지 못한다.

영남지역에 자리잡고 있었던 가야의 여러 나라들은 거의 600년 동안 삼국과 어깨를 견주며 독립된 왕권과 영역을 유지하고 있었다. 그럼에도 불구하고 우리는 한국고대사회를 '삼국시대'라 부르고 있다. 이것은 가야를 비롯한 부여 등의 역사를 무시하는 것이며, 우리의 고대사를 정확하게 되살리는데도 한계가 있다. 또한 가야의 역사가 전개되었던 고대 영남지역의 역사도 재 자리매김되지 못한다.

| 조선총독부가 작성한 창녕송현동고분군 분포도(1919) (국립가야문화재연구소, 2010) |

가야사의 불행-일본에 의한 가야사 연구의 시작

가야의 역사에 대한 최초의 학문적 연구는 조선후기 실학자 정약용 등에 의해 시작되었다. 가야 지명에 대해 살피기도 하고, 해양을 이용한 가야가 신라보다 더 발전했다는 견해를 밝히기도 하여 가야사를 발전적인 관점에서 바라보았다.

하지만 이러한 연구전통은 계속되지 못했다. 연구 주체가 일본학자에게로 넘어가면서 가야사를 다루는 시각이 '임나일본부'문제를 중심으로 한 고대한일관계사로 변질되었기 때문이다. 일제 강점기를 전후하여 일본인 역사학자들은 조선에 대한 식민지 지배의 정당성을 확보하기 위한 정치적 목적으로 가야사를 연구했다. '임나일본부설'이 그것이다. 즉 가야의 별칭은 임나(任那)이며, 왜국의 신공왕후가 369년에 정복한 이후 대가야가 멸망하는 562년까지 왜 왕권의 통치기관인 '임나일본부'의 통치아래에 있었다고 주장했다. 이 학설은 일본 식민사관의 대표적 이론이며, 일본인과 한국인이 같은 뿌리에서 태어났다는 '일선동조론'과 함께 일제 36년간 식민통치를 합리화하는 수단으로 활용되었다.

이 때문에 가야사 연구는 가야 주체의 발전과정을 연구하기 보다는 가야가 왜왕권의 지배아래에 있었다는 임나일본부설을 증명하기에 바빴다. 그 연구결과는 일제시대의 일본사회 뿐만 아니라 사전류를 통해 전 세계에 소개되었고, 일제치하의 우리 민족에게도 그 내용을 가르치기도 하였다.

그 결과 우리의 가야사연구도 올바른 방향으로 나아가지 못했다. 해방이후 한국사연구는 일제 식민사관을 극복하는

| 일제시기 창녕 교동고분군 발굴모습 (국립가야문화재연구소, 2010) |

| 일제시기 창녕 교동고분군 발굴모습 (국립가야문화재연구소, 2010) |

것이 중요한 과제였으므로, 가야사연구도 예외는 아니었다. 해방이후 우리의 가야사연구는 임나일본부를 부정하는 것에 얽매일 수밖에 없었다. 때문에 가야사회의 발전과정을 이해할 수 없었으며, 오히려 가야사연구를 기피하는 요인이 되기도 했다.

임나일본부설의 극복

해방이후 임나일본부설에 대한 본격적인 문제제기가 시작되었다. 북한학자인 김석형은 '분국(分國)설'을 내놓았다. 4~5세기의 왜는 한반도에서 건너간 집단 이주민들이 왜인들을 정복하고 일본 열도 각지에 건설한 한반도 계통의 소국이라고 주장이다. 즉 삼한과 삼국의 주민들은 일본지역에서 각자 자신들의 출신지와 같은 나라를 세웠는데 가야인들이 건국한 나라가 임나국이라는 것이다. 즉 '임나일본부'는 한반도의 가야지역과는 아무런 관련이 없으며, 5세기 중후엽에 야마토정권이 서부일본지역을 통합하는 과정에서 가야계 분국인 임나국에 설치한 통치기관으로 이해하고 있다. 이 견해는 일본 학계에 상당한 충격을 주었고, 일본학계 내부에서 '임나일본부설'을 재검토하는 계기가 되었다.

1970년대 들어 남한학자인 천관우는 백제군사령부百濟軍司令部설을 주장했다. 임나일본부는 백제의 근초고왕이 가야를 군사적으로 정벌하여 백제권에 편입시킨 후 설치한 기관, 즉 백제군사령부이며, '임나백제부'라는 것이다. 이 주장 또한 고대 한일관계사에서 가야사의 중요성을 환기시키는 계기가 되었다.

하지만 '임나일본부설'이나 '백제군사령부설'은 증명되지 못했다. 왜나 백제가 가야지역에서 200년에 걸친 긴 시간을 통치하고 있었다면, 왜나 백제의 유적이나 유물이 가야지역에서 대량 발굴되어야 한다. 그런데 20세기이후 100년이 넘게 가야지역에서 발굴을 이루어졌지만, 그런 흔적을 찾을 수 없었다. 오히려 일본 고대 문물의 발전이 한반도 각 지역과의 밀접한 관련 아래 이루어졌다는 것이 점점 더 확실해지고 있을 뿐이다.

일본역사학계에서 왜의 대규모 군대가 가야를 정벌하고 지배했다는 주장이 힘을 잃게 된 것은 1970년대 후반부터였다. 임나일본부의 성격을 왜와 가야사이의 외교 교섭을 위하여 왜왕권이 파견한 사신단, 외교기관, 또는 왜와 가야사이의 무역을 담당하는 사신으로 보는 견해 등으로 변화되었다. 현재 왜에 의한 가야지역 정복을 이야기하는 일본인 전문연구자는 거의 없다.

일본이 조선을 강제로 병합한 지 100년이 되던 2010년에는 의미있는 연구결과가 발표되기도 했다. 2010년 3월 한·일역사공동연구위원회가 2007년 6월부터 2년9개월에 걸친 2기 위원회의 토론 결과를 담은 최종 보고서를 내놓았다. 한·일연구자들은 일본이 고대 한반도의 남부를 지배했다는 '임나일본부설'에 대하여 부정적인 견해를 내놓았다. '임나일본부'는 당시의 용어도 아니고 그릇된 선입견을 불러 일으키는 용어이기 때문에, 보다 사실에 가까운 외무관서로서의 역할을 하고 있었던 '안라왜신관(安羅倭臣官)'이라는 용어로 대체하는 것이 타당하다. "한반도에서 왜인의 활동 흔적은 여러 곳에서 인정되지만, 왜국의 영토가 존재했다는 이해는 불가능하다"라는 견해에 도달하였다.

가야가 주체가 되는 가야사 연구의 시작

가야를 주체로 하는 가야사연구가 시작된 것은 80년 이후였다. 고고자료의 축적, 『일본서기』에 대한 재해석이 바로 그러한 계기가 되었다.

고고자료의 축적은 1970년대 이후 낙동강유역 개발과정에서 진행된 발굴 때문이었다. 낙동강 인근에 있는 고령, 창녕, 함안, 김해 등지에서 조사된 발굴자료는 엄청나다. 대형고분군, 그 속에 함께 묻혀있었던 토기를 비롯한 다양한 고고자료만을 보더라도 같은 시기의 신라, 백제에 못지않은 선진적인 문화를 가졌던 나라임을 알 수 있었다. 특히 고령의 지산동고분군, 함안의 말이산고분군의 대형고분군은 고분에 묻혀있던 사람의 정치적 권력이 어느 정도였는가를 잘 보여주고 있으며, 사회적 규모 또한 방대하였을 것으로 추정되고 있다.

문헌자료도 가야사연구에 기여한 바가 적지 않다. 물론 가야는 고구려를 비롯한 삼국처럼 스스로를 주체로 서술한 역사서를 가지지는 못했다. 가야와 관련된 기록을 가지고 있는 역사서들은 가야를 주체로 한 것이 아니었다. 『삼국사기』는 가야본기를 두지 않았을 뿐더러, 신라본기를 비롯한 지리지, 악지, 열전 등의 여러 곳에 분산되어 서술되고 있으며, 내용도 지극히 단편적이며, 가야사회의 내부사정을 전하는 것은 드물고 대부분 신라와의 관계사를 중심으로 언급되고 있을 뿐이다.

『삼국유사』가락국기와 오가야조의 가야관련 기록은 『삼국사기』와 달리 기록이 양적으로 풍부하고, 가야사회의 내부사정을 전하고 있기 때문에 주목받고 있지만 주로 설화의 형태로 서술되었으므로 사실로 보기에는 한계가 있다. 8세기 초에 편찬된 『일본서기』는 가야에 대한 기록을 많이 남기고 있다. 하지만 일본의 천황제 국가주의사관에 의하여 편찬되었기 때문에 역사적 사실이 왜곡되거나 윤색되었고, 일본 또는 백제의 입장에서 바라본 가야에 대한 서술이었기 때문에 자료의 활용에 문제가 있다.

중국의 역사서에도 가야에 대한 기록이 전하고 있다. 『삼국지(三國志)』, 『송서(宋書)』, 『남제서(南齊書)』, 『한원(翰苑)』, 『통전(通典)』 등인데 가야를 직접적인 서술대상으로 삼고 있는 것은 아니었다. 대체로 낙랑이나 백제 등을 통한 간접적인 가야의 모습을 전하고 있을 뿐이다. 이 가운데 『남제서』 열전 동남이전의 기록에 보이는 가라국왕 하지荷知의 479년 남제와 통교기사는 중요한 자료이긴 하지만 너무 소략하다.

그러나 이러한 기록들이 가야사의 전개과정을 이해하는데 도움을 주기도 하였다. 기록들을 한 겹씩 벗겨내면 가야의 실체적인 모습을 확인하는데 한걸음 다가설 수 있기 때문이다. 특히 기록의 신뢰성이 의문시되었던 『일본서기』에 대한 재해석, 특히 6세기대를 서술하고 있는 계체기와 흠명기에 대한 사료의 중요성을 인식하게 된 것은 가야사 연구에 커다란 도움이 되었다. 또한 단편적인 것이지만 「광개토왕비문」과 같은 금석문, 토기에 새겨진 명문도 가야사를 이해하는데 중요한 자료가 되었다.

그 결과 가야의 발전과정이 연대기로 정리될 수 있었다. 따라서 이제 가야사는 '신화 속의 역사'가 아니라 한국의 고대 삼국과 어깨를 나란히 하면서 실재했던 역사로 자리매김되었다. 그리고 김해의 가락국, 고령의 대가야를 중심으로 한 연구에서 벗어나 아라가야, 소가야, 비화가야 등의 가야 각국에 대한 연구가 진행되어 가야사의 폭도 확대되었다. 이러한 성과는 지난 1995년 지방자치제의 실시가 커다

| 일제시기인 1914년 함안 가야리고분군의 도굴갱 또는 발굴갱 (국립김해박물관, 2007) |

란 도움이 되기도 했다. 가야의 역사가 숨쉬고 있는 지방자치단체들이 지역의 역사와 문화를 통하여 지역의 정체성과 관광자원을 확보하고자 했기 때문에 가야사연구가 활성화될 수 있었던 것이다.

이러한 이유로 향토사학자들에 의해 간혹 언급되었던 '사국시대(四國)시대론'이 전문연구자에 의해 제기되기도 했다. 즉 한국의 고대사회를 삼국 중심으로 이해할 것이 아니라 가야를 포함한 사국시대로 이해해야 한다는 입장이다. 이러한 주장의 옳고 그름을 떠나서 가야사 연구가 어느 정도 축적된 결과임에 틀림없다.

앞으로도 새로운 고고자료의 축적으로 가야사의 내용이 풍부해질 것은 틀림없는 사실이다. 그러나 문헌자료 또한 가야사연구에 핵심적인 역할을 할 수밖에 없음은 당연한 사실이다. 적고 소략한 자료이지만 쉼 없이 새롭게 읽다보면 가야사의 폭과 깊이가 확대될 것이다.

가야연구의 현재

지금까지의 가야사 연구 결과를 정리해 보면, 첫째로, 가야가 점유한 영역은 경상남·북도의 낙동강유역과 그 서쪽 일대를 포함할 뿐만 아니라, 최대 전성기에는 전라남·북도의 동부지역을 포괄하는 매우 넓은 땅이었다. 이것은 고구려의 영역에 비교할 수는 없지만, 백제나 신라에 비해 손색이 없다.

둘째로, 가야는 여러 가지 원인으로 끝내 중앙집권적인 정치체제를 완성하지 못하고 멸망하였지만, 개별 소국들의 생산력이나 기술수준이 대단히 높아 이를 바탕으로 하여 600년 넘게 독자적인 역사를 지속하고 있었다. 가야가 장기간에 걸쳐 왜 또는 백제에게 지배를 받았다는 증거는 없었다.

셋째로 일본고대문화의 성립은 가야의 문화 수준 및 가야사의 전개과정과 밀접한 관련이 있고, 가야멸망 후에 가야의 유민들이 문(文)과 무(武)의 양 측면에서 큰 공헌을 하였다.

이렇게 볼 때 이제 가야사는 한국고대사체계에서 다른 삼국과 함께 동등한 자격의 시민권을 획득하게 되었으며, 한국고대사의 주변부가 아니라 한국고대사회발전의 중심에서 주체적인 역할을 했던 정치집단이었던 것이다.

앞으로의 과제

이러한 성과에도 불구하고 가야사연구는 남은 과제가 아직도 많다. 일제가 남겨놓은 '식민사관으로 본 가야사'의 틀을 완전하게 벗어나지도 못했다. 가야를 주체로 한 가야사연구를 우리 손으로 시작한 것은 1980년이후부터 30년에 불과하다. 이제 겨우 가야가 한국고대사의 주변부를 벗어나 삼국과 어깨를 나란히 했던 정치집단이며, 가야사의 전개과정을 연대기적으로 서술하고 있는 정도이다.

가야사연구는 일본의 정한론(征韓論), 청·일전쟁, 강제병합의 과정 속에서 이루어졌다. 타율성이라는 식민사관을 바탕으로 임나일본부설이 만들어졌고, 임나일본부설을 증명하기 위하여 가야사가 연구되었다. 이러한 가야사연구는

| 일본의 우익단체인 '새로운 역사교과서를 만드는 모임'이 만든 일본역사교과서 |

한·일 양국 모두에게 바람직하지 못했다. 1980년대 이전까지의 가야사연구는 임나일본부에 대한 긍정과 부정의 근거제시였으므로 한국과 일본, 그리고 한일관계에 대한 객관적인 역사연구가 이루어지지 못함으로써 양국 모두에게 가야사연구는 불행한 일이었다.

가야사연구는 더 이상 과거 일본의 제국주의사학자들이 내세웠던 일선동조론이나 북한사학자가 주장하는 분국론같이 민족적 자존심을 만족시키는 내셔널리즘이 되어서는 곤란하며 현대적 국가의식의 과잉으로 투영된 고대 한일관계사의 복원도 경계되어야 한다.

호혜평등의 미래 지향적인 한일관계를 이룩하기 위해서 구시대의 식민사관은 극복되어야 할 대상이며, 일본은 한국에 대한 애정을 가진 새로운 한국사상(韓國史像)을 수립해야 할 것이며, 이것은 한국 연구자도 마찬가지이다.

가야사에 대한 인식의 한계도 아직 여전하다. 가야의 사회적 발전단계를 저급하게 인식하고 있다. 즉 가야를 고대국가 완성 이전의 단계인 연맹단계로 설정하고 있다. 변진에서 함께 출발한 신라가 연맹 수준을 넘어 6세기대에 고대국가를 완성한 반면에, 유독 가야만 동일한 시기의 이백 수십 년 동안

정치 사회발전이 낙후된 상태에 머물러 있었다는 시각은 문제가 아닐 수 없다. 그러한 인식은 가야의 정치 사회발전을 지나치게 낮추어 본 과거의 통념에서 비롯된 것이다.

가야사회를 낮추어 본 요인은 여러 가지 있겠으나 특히 가야의 여러 정치세력이 완전히 하나로 통합되지 못한 채 멸망함으로써, 정리된 자기의 역사 기록을 남기지 못했기 때문이다. 또한 대부분의 연구자들은 가야를 고대국가단계로 발전하지 못했다는 전제위에서 연맹단계를 설정하거나, 연맹을 부정하더라도 고대국가 단계에는 이르지 못했다는 견해가 일반적이다.

하지만 가야사 수백 년 동안을 연맹단계로 보는 것은 옳지 않다. 가야의 내부에는 여러나라가 존재했고 각자 발전정도도 달랐다. 대가야나 아라가야는 정치적 성장이 빨랐던 나라였다. 대가야나 아라가야는 고대국가단계로 볼 수 있다.

식민사학을 극복하는 과정에서도 가야사의 발전과정을 왜곡하기도 했다. 가야가 고구려·백제·신라에 의해 타율적으로 결정되었다는 견해는 일제 식민사학과 다르지 않다. 백제사 연구자의 가야사에 대한 시각이 바로 그것이다. 4세기때부터 백제가 가야지역으로 진출하였다는 입장은 이것을 잘 말해 준다. 천관우의 백제군사령부설이 그것이다. 『일본서기』의 비판적 활용을 통하여 가야사 복원을 시도한 것은 올바른 방향이었다. 하지만 『일본서기』의 가야 관련기사에 대하여, "백제가 주체였던 역사적 사실을 일본이 주체였던 것처럼 기술하였다"라고 이해하여, 백제의 가야 정복을

| 전남 영암 왕인박사 유적지 전시관 |

주장했다. 그 결과 임나일본부는 '임나백제부'같은 성격의 백제군사령부라 하였다. 그러나 이것은 결과적으로 스에마쯔야스카즈(末松保和)의 『임나흥망사(任那興亡史)』가 가야의 흥망을 논한다면서 일본의 가야지배사로 일관한 것처럼, 천관우의 「복원가야사」는 백제의 가야지배사가 되고 말았던 것이다. 김석형의 '분국론(分國論)'은 한반도 내의 가야사를 포기하는 결과를 초래하기도 했다.

4세기대에 백제가 가야지역에 군사령부를 설치하고 지배하였다는 근거는 아직 확인되지 못했다. 즉 고고자료를 통해서도 가야지역에 백제의 것으로 보이는 문화는 찾을 수가 없다. 임나일본부를 극복하는 과정이 오히려 가야의 역사적 발전과정을 왜곡했던 것이다.

또한, 임나일본부는 극복되었는가하는 점이다. 스에마쯔야스카즈 이후 야마토정권의 임나지배기관설을 직접적으로 주장하는 논자는 거의 없다. 하지만 8세기에 쓰여진 『일본서기』가 왜, 누구의 주도로, 무엇을 근거로, 무슨 목적으로 임나일본부설을 조작하였으며, 하필이면 일본왕의 직접적인 지배대상지로서 임나가 선택되었는가 등등의 기본적인 검토가 이

| 함안군이 개최한 가야사학술대회 |

루어지지 못한 실정이다. 이러한 의문이 해결되지 않으면 임나일본부설 자체에 대한 비판도 결코 완전하다고 볼 수 없다.

2. 가야, 그 이름의 의미

가야는 가야 주체의 역사서를 가지지 못했던 탓인지 다양한 표기로 역사서에 등장하고 있다. 나라의 이름을 두고 가야만큼 다양하게 불리어진 경우도 드물다. 한자표기뿐만 아니라 옛날 기록에 나타나는 이름도 가지각색이다. 가야 각국을 가리키는 이름이 있었고, 가야 전체를 표현하는 이름도 있다.

금석문이나 역사서를 통해서 볼 때 가야전체를 가리키는 이름은 가야와 가라, 임나였다. 가야는 '加耶', '伽耶', '伽倻'로 표기되었으며, 가라는 '加羅', 임나는 '任那'이다.

| 광개토왕릉비 |

加耶

가야는 가라에서 변화되었다고 국어학자들은 말한다. 加耶는 『삼국사기』에 주로 등장하는 가야의 명칭에 대한 일반적인 용례이다. 『삼국사기』의 편찬자는 가야는 신라에 복속되었기 때문에 가야의 여러 나라들을 하나로 통일하여 가야로 표기했을 가능성이 높다.

伽耶라는 표현은 『삼국유사』에서 사용되고 있다. 이 명칭은 인도 불교 성지인 '부다가야(Budda Gaya)'를 '佛陀伽耶'로 표기하고, 그 북방에 있는 도시 '가야'를 '伽耶城'으로 표기한 불경의 용례에서 찾아진다. 불교가 성행하던 고려시대에 일부 승려들이 역사를 기록하는 과정에서 가야를 불교와 밀접한 관련이 있는 것처럼 생각하여 의도적으로 고쳤을 가능성을 엿볼 수 있다. 『삼국유사』를 쓴 사람은 승려 일연이었기 때문이다.

伽倻는 조선시대 지리지와 읍지 등에서 주로 쓰여 졌다. 조선시대 기록은 『삼국유사』를 주로 인용하였지만, 『삼국유사』에서 쓰이고 있는 '伽耶'를 쓰지 않고 '伽倻'로 기록하고 있다. 이것은 불교 억압을 기본정책으로 삼았던 유학자들이 불교의 어감을 피하기 위하여 사용했을 가능성이 있다.

加羅

加羅는 우리의 옛말에서 산·들 등을 뜻하는 말인데, 산기슭이나 들판의 한쪽에 사람들이 모여 살았기 때문에 사람들

| 광개토왕비문 |

이 살고 있는 마을을 가리키는 말이 되었다는 견해가 있다. 加羅는 「광개토왕비문」에 임나가라(任那加羅)라는 명칭으로 처음 등장한 이후 일본의 고대 역사서적인 『일본서기』에 주로 나타나며, 중국의 사서인 『남제서』뿐만 아니라 『삼국사기』에도 등장한다. 하지만 가라 용례의 대부분은 『일본서기』

| 진경대사탑비문 (성균관대학교 박물관, 2008) |

에서 나타나며 거의 대부분 고령의 대가야를 가리키고 있어 가야지역 전체를 포괄하고 있지는 못하다.

任那

임나는 우리 기록에도 3차례 나타나고 있다. 「광개토왕비문」, 「진경대사탑비문」, 『삼국사기』 강수전이다. 하지만, 대부분은 『일본서기』에 집중적으로 쓰여지고 있다. 임나는 '임의 나라'라는 뜻으로 '임' 또는 '님'의 소리를 표기한 '任'에 나라를 뜻하는 '那'가 결합해 생긴 말로 추정되기도 한다. 『일본서기』에서의 임나는 가야의 여러나라 전체를 가리키거나, 김해의 가락국, 함안의 아라가야, 고령의 대가야 등과 같이 가야의 한 나라를 지칭하기도 한다. 이것은 당시의 가야 각국들이 신라나 백제와 구분되는 하나의 세력권을 이루고 있었던 사실의 반영이다. 임나는 가야가 존속하고 있었던 당시의 명

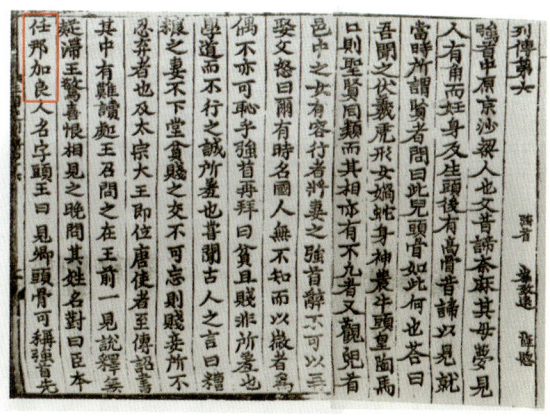

| 『삼국사기』 강수전 |

칭일 수는 있지만, 『일본서기』는 백제의 시각을 많이 반영하고 있으므로, 『일본서기』에 기록된 임나는 백제의 시각을 보여주는 것이다. 가야인 스스로 임나라고 불렀던 경우는 거의 보이지 않는다. 따라서 주체적인 가야사를 지향하는 입장에서는 타당하지 않은 이름이라 할 수 있다.

공식표기, 加耶(가야)

그런 반면에 加耶는 한국 고대사의 대표적 역사서인 『삼국사기』에 일반적으로 쓰인 명칭이며, 가야가 멸망한 이후 가

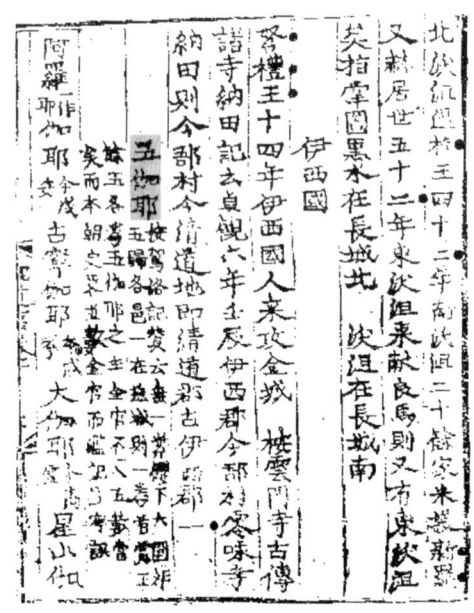

| 『삼국유사』 오가야조 |

야 전역에 대하여 표기한 신라의 공식 표기였다. 또한 가야는 『삼국지』의 '구야'에서 시작하였기 때문에 가장 오랜 기원을 가지고 있고, 『삼국사기』와 같은 우리 문헌 속에 나오는 명칭이기도 하다. 그리고 가야의 한 나라만을 지칭한 것은 아니므로 가야(加耶)라 쓰고 부르는 것이 옳다. 다만 가야가 존재했던 시기의 명칭은 가라(加羅)였을 가능성이 높다. 당대의 기록인 「광개토왕비문」에 나타나고 있고, 또한 김해의 가락국은 '가라의 국'을 뜻하기 때문이다.

반면에 일반적으로 가야가 존재했던 지역에서 『삼국유사』에 등장하는 금관가야(김해), 소가야(고성), 아라가야(함안), 비화가야(창녕), 대가야(고령) 등을 즐겨 사용하고 있다. 이러한 표현은 가야시기에 쓰여졌던 명칭은 아니며, 신라말 고려초에 만들어진 것이라 추정되고 있다. 하지만 오랫동안 지역민이 사용한 용어이므로 그렇게 사용한다고 해서 문제될 것은 없다.

3. 가야사의 시작과 끝

　가야의 역사는 2천년을 거슬러 올라간다. 가야사의 시작은 정확히 알 수 없지만, 기원을 전후로 한 시기에 남해안과 낙동강이 만나는 교통과 교역의 요충지였던 김해지역에서 시작되었을 것으로 추정하고 있다. 가야사의 끝은 명확하다. 6세기 중엽인 562년에 고령의 대가야가 신라에 멸망함으로써 역사의 뒤안길로 사라졌다. 물론 고령보다 내륙지대인 합천과 같은 지역의 신라 복속은 고령의 대가야보다 늦었을 것이다. 하지만 가야의 중심세력이었던 대가야의 멸망은 가야 전체의 소멸로 볼 수 있다.

| 김해 대성동고분군전경 (박천수 외, 2003) |

변한은 가야의 전사(前史)인가, 전기(前期)인가?

가야사에서 변한을 어떻게 볼 것인가는 중요한 문제이다. 변한을 가야의 범위에 포함시키는 연구자들은 변한을 가야의 전기로 이해한다. 변한을 가야와 분리시키는 연구자들은 변한시기를 가야의 전사(前史), 즉 가야의 모태로 보아 변한의 역사를 가야사의 범주에 포함하지 않는다. 하지만 마한의 백제국이 백제로, 진한의 사로국이 신라로 변화발전되었으므로, 변한의 구야국과 안야국 또한 가야의 가락국과 안라국으로 발전했기 때문에 변한의 역사를 가야사의 범위에 포함시키는 것이 옳다.

| 고령 지산동고분군전경 |

가야는 크게 두 시기로 나눌 수 있다. 변한이 존재했던 3세기까지를 전기가야라 하고, 그 이후를 후기가야라 한다. 경우에 따라서는 광개토왕이 가야지역으로 진출하는 400년을 중요한 계기로 삼아 400년 전후로 전기가야와 후기가야로 나누기도 한다. 광개토왕의 남정을 계기로 하여 가락국이 쇠퇴하고 내륙지역인 고령의 대가야가 성장하였기 때문이다. 전기가야는 김해의 구야국과 함안의 안야국이 후기가야는 고령의 대가야와 함안의 아라가야가 가장 강력한 정치집단이었다.

가야사의 시작

가야의 시작은 중국의 역사서인 『삼국지』에 등장하는 변한 12국과 밀접한 관련이 있다. 변한 12국 중에서 가장 강력했던 정치집단이 구야국(狗邪國: 경남 김해)과 안야국(安邪國 : 경남 함안)이었으므로 두 나라의 시작이 가야사의 시작으로 볼 수 있다. 구야국은 『삼국유사』 가락국기의 가락국이며, 안야국은 「광개토왕비문」과 『일본서기』에 등장하는 안라국 이전의 국명이다. 따라서 구야국의 시작을 가야사의 시작으로 볼 수 있다.

구야국이 형성된 것은 언제였을까? 『삼국유사』 가락국기에 의하면 42년에 구야국이 건국되었다고 하므로, 구야국의 건국이나 변한의 시작은 기록상으로 볼 때 늦어도 1세기 초반, 빠르면 기원전 1세기대로 추정할 수 있다. 따라서 가야사의 시작은 이 시기로 보는 것이 옳다. 고고학적 입장에

| 김해 회현리 패총의 현재모습 |

서는 구야국의 형성을 목관묘와 와질토기의 출현을 근거로 삼고 있는데, 목관묘의 시작에 대해서는 다양한 견해가 있지만 대체적으로 기원전 2세기대부터 기원전 1세기대로 파악하고 있고, 와질토기는 기원전 1세기 중엽부터 기원 1세기전반을 상한선으로 하고 있다. 따라서 문헌기록과 비교해 볼 때 커다란 차이가 없다.

따라서 약 2천년 전부터 가야는 남해안 지역에 인구가 집중되면서 정치집단을 형성하였던 것이다. 구야국을 비롯한 변한의 여러 나라들은 지금의 서북한 지역에 자리잡고 있었던 낙랑 등을 통하여 중국 한(漢)나라의 선진문물을 받아들이면서 성장했다. 평안도, 황해도에서 서해안을 따라 남하하고, 남해로 접어들어 동쪽으로 항해하다가 김해의 구야국에 이르렀다. 남해에 인접한 가야의 나라들도 이와 다르지

| 김해 회현리패총의 패각층 단면 (삼강문화재연구원, 2009) |

않았다. 김해의 회현리 패총, 창원의 다호리유적, 고성의 동외동패총 등에서 조사된 중국의 청동제솥, 청동거울, 중국화폐인 화천, 오수전 등은 낙랑과의 교류를 잘 보여준다.

| 김해 '가야의 숲 조성부지'에서 조사된 목관묘 (동아세아문화재연구원, 2006) |

| 김해 양동리 162호 목곽묘 (박천수 외, 2003) |

가야의 끝

한반도에 자리잡고 있었던 낙랑과 대방의 소멸, 혹은 광개토왕의 가야진출이후는 후기 가야시대이다. 이 시기의 가야는 고령의 대가야와 함안의 아라가야를 중심으로 전개되었지만, 이들 나라들도 신라나 백제처럼 가야지역 전체를 통합하지 못했다. 하지만 함안의 아라가야는 독자적으로 존재하면서 왜를 이용하여 백제와 신라의 가야지역 침략을 막아내고 가야지역의 독립성을 보존할 수 있는 외교정책을 펼쳐 나갔다. 그렇지만 결국에는 신라의 가야지역 진출과정에서 멸망할 수밖에 없었다. 함안의 아라가야는 그 멸망과정을 알 수 없지만 560년 신라에 의해 멸망되었다. 고령의 대가야는 562년 역사의 뒤안길로 사라졌다.

23년(562) 가을 7월에 백제가 변방의 백성을 침략하였으므로 왕이 군사를 내어 막아 1천여 명을 죽이거나 사로잡았다. 9월에 가야가 반란을 일으켰으므로 왕이 이사부에 명하여 토벌케 하였는데, 사다함(斯多含)이 부장(副將)이 되었다. 사다함은 5천 명의 기병을 이끌고 앞서 달려가 전단문(栴檀門)에 들어가 흰 기(旗)를 세우니 성 안의 사람들이 두려워 어찌할 바를 몰랐다. 이사부가 군사를 이끌고 거기에 다다르자 일시에 모두 항복하였다.(『삼국사기』 진흥왕 23년)

사다함(斯多含)은 진골 출신으로…본래 고귀한 가문의 후예로서, 풍채가 미끈하게 빼어났으며, 뜻과 기개가 곧았다…진흥왕이 이찬 이사부(異斯夫)에게 명하여 가라국(加羅國)을 습격하게 하였다. 당

| 고령 대가야 왕궁터 (경북대학교 박물관, 2006) |

시 사다함은 나이가 15~16세였는데, 종군하기를 청하므로…드디어 명하여 귀당(貴幢) 비장(裨將)으로 삼았는데, 그 낭도(郎徒) 중에서 따르는 자가 많았다. 그 나라 경계에 이르자 원수(元帥)에게 청하여 그 휘하 군사를 거느리고 먼저 전단량(檀梁)으로 들어갔다. 그 나라 사람들이 뜻밖에 군사가 쳐들어옴을 보고 놀래어 막지 못하였으므로, 대군이 승세를 타서 드디어 그 나라를 멸하였다.(『삼국사기』 사다함전)

고령의 대가야는 신라 장군 이사부와 16세의 화랑 사다함에 의해 무릎을 꿇고 말았다. 당시의 대가야는 이미 신라의 군사력에 맞설 수 있는 상황이 아니었던가보다. "성안의 사람이 두려워 했다거나", "뜻밖의 군사가 쳐들어옴을 보고 놀래어 막지 못하였으므로"라는 표현은 그러한 사실을 잘 보여주고 있다.

4. 가야, 그 역사의 무대

| 창녕 남지읍 일대를 지나는 낙동강 |

 가야의 영역을 설정하는 것은 쉬운 작업이 아니다. 특히 문헌자료를 바탕으로 가야의 영역을 설정한다는 것은 지금까지의 사료를 바탕으로 할 때 불가능에 가깝다. 하지만 문헌자료를 통하여 가야의 영역을 설정할 때 다음 세 가지 사실은 확인된다. 첫째, 뚜렷한 경계를 확정지을 수는 없으므로 정치적인 가야영역을 설정할 수밖에 없다. 둘째, 가야영역은 불변하는 것이 아니라 항상 변화되었다. 셋째, 언제인지는 알 수 없지만, 어느 시점에 가야의 경계는 낙동강이었다. 따라서 가야의 영역을 추정할 수 있는 것은 가야지역 내에 존재하고 있었던 나라들의 위치비정을 통해 가야 정치권의 대강을 살필 수 있다.

 가야의 영역을 개략적으로나마 짐작할 수 하게 하는 것이 『삼국유사』에 기록되어있는 가락국기이다.

 동쪽으로는 황산강, 서남쪽으로는 넓은 바다, 서북쪽으로는 지리산, 동북쪽으로는 가야산, 남쪽은 나라의 끝이 된다.

 [가락기의 찬(贊)에서 이르기를, "자줏빛 끈 한 개가 하늘에서 내려와 여섯 개의 둥근 알을 내려주었는데, 그 중 다섯 개는 각 읍으로 돌아가고 하나는 그 성에 남

앉다"라고 하였으니, 하나는 수로왕이 된 것이고 나머지 다섯은 각기 다섯 가야의 주인이 된 것이다. 금관(金官)이 다섯에 들어가지 않은 것은 당연한 것인데, 본조사략에서 금관까지 함께 세고, 창녕까지 멋대로 기록한 것은 잘못이다. 아라(阿羅)가야, 고녕가야, 대가야, 성산가야, 소가야이다. 또 본조사략에 이르기를 "태조 천복 5년(940)경 경자에 오가야의 이름을 고쳤다. 첫째는 금관, 둘째는 고령(古寧), 셋째는 비화, 나머지 둘은 아라와 성산이다."

위의 기록을 통하여 가야의 무대를 어렴풋하게나마 설정할 수 있다. 황산강은 낙동강을 가리키므로, 가야의 영역은 남해, 지리산, 낙동강을 경계로 하고 있음을 짐작할 수 있다. 이 범위의 대부분은 현재의 경상남도 중에서 낙동강 서남쪽에 해당하는 지역이다. 그러나 비화가야는 창녕지역이며, 성산가야는 가야산의 북쪽에 있으므로 위의 기록에서 말하는 가야의 영역과는 일치하지 않는다. 낙동강의 동쪽과 섬진강의 서쪽에서도 가야문화의 흔적이 확인되고 있다. 낙동강 동쪽의 동래, 양산, 밀양, 창녕 등과 섬진강 서쪽의 진안, 장수, 임실, 남원 등, 그리고 섬진강하류지역인 전라남도의 여수, 광양, 순천 등지에서도 가야문화가 확인되고 있다. 지금은 섬진강이 경상도와 전라도의 경계가 되고 있지만, 가야시기에는 소통과 교류의 루트였던 것이다. 최소한 여수 등지는 가야와의 문화교류가 활발했던 지역임에 틀림없다.

따라서 위의 기록으로만 가야의 영역을 말할 수는 없다. 가락국기에 기록된 나라들 외에도 더 많은 나라가 존재하고 있었으므로 가락국기의 가야영역은 특정한 시기의 가야영역을 보여주는 것에 불과하다.

그런 까닭으로 가야전기에 해당되는 변한 12국, 가야후기에 등장하는 13국과 그리고 우륵 12곡 등을 근거로 그 나라의 위치 비정을 통하여 가야 영역의 대강을 살필 수밖에 없다.

이저국(已柢局)·불사국(不斯國)·변진미리미동국(弁辰彌離彌凍國)·변진접도국(弁辰接塗國)·근기국(勤耆國)·난미리미동국(難彌離彌凍國)·변진고자미동국(弁辰古資彌凍國)·변진고순시국(弁辰古淳是國)·염해국(冉奚國)·변진반로국(弁辰半盧國)·변낙노국(弁樂奴國)·군미국(軍彌國)·변군미국(弁軍彌國)·변진미오야마국(弁辰彌烏邪馬國)·여담국(如湛國)·변진감로국(弁辰甘路國)·호로국(戶路國)·주선국(州鮮國)·마연국(馬延國)·변진구야국(弁辰狗邪國)·변진주조마국(弁辰走漕馬國)·변진안야국(弁辰安邪國)·변진독로국(弁辰瀆盧國)·사로국(斯盧國)·우중국(優中國)이 있다. 변한과 진한을 합하여 24국인데 큰 것은 4천~5천가, 작은 것은 6백~8백가이며, 총 4만~5만호이다.(『삼국지』 위서동이전 변진조)

가야전기인 변한시기에는 12개의 나라가 있었다. 변군미국까지 포함시켜 13국이라는 견해도 있으나, 변진이 붙은 나라가 11국이고, '변(弁)'만 붙은 나라가 변낙노국과 변군미국이다. 하지만 『한원(翰苑)』의 기록에는 변낙노국의 경우 '변' 아래에 '진(辰)'이 있지만, 변군미국의 경우에는 '진'이 없으므로 변군미국은 변한 소속으로 볼 수 없다. 따라서 변한

소속의 나라는 12국이라 볼 수 있다. 변한 12국 이외에도 『삼국사기』나 『삼국유사』에 소국의 이름들이 보이고 있다. 변한의 여러 나라들이 분포하고 있는 인근 지역에 위치하고 있는 것이 포상팔국(浦上八國)이다. 여덟 나라 중에서 골포(骨浦), 칠포(柒浦), 고사포(古史浦), 사물국(史勿國), 보라국(保羅國) 등만 확인되고 있다. 이들 나라들도 가야사의 범위에 포함시킬 수 있을 것이다.

23년(562) 정월에 신라가 가야제국을 쳐서 멸망시켰다. [一本에는 21년에 임나가 멸망하였다 하고 총칭하여 임나라 하며 별도로는 가라국(加羅國)·안라국(安羅國)·사이기국(斯二岐國)·다라국(多羅國)·졸마국(卒麻國)·고차국(古嵯國)·자타국(子他國)·산반하국(散半下國)·걸찬국(乞湌國)·임례국(稔禮國)을 합하여 10국이다.](『일본서기』 흠명기 23년(562))

우륵이 지은 12곡은 1. 하가라도(下加羅都) 2. 상가라도(上加羅都) 3. 보기(寶伎) 4. 달이(達已) 5. 사물(思勿) 6. 물혜(勿慧) 7. 하기물(下奇物) 8. 사자기(師子伎) 9. 거열(居烈) 10. 사팔혜(沙八兮) 11. 이혁(爾赤欠) 12. 상기물(上奇物)이다. 니문(泥文)이 지은 3곡은 ① 오(烏), ② 서(鼠), ③ 순(鶉) 이다.(『삼국사기』 가야금)

신라와 안라 양국의 접경에 대강수(大江水)가 있어 요해의 땅이라고 한다.(『일본서기』 흠명기 5년(544) 11월)

『일본서기』에 의하면 후기가야에는 13국이 있었다. 가야 멸망 당시를 보여주는 위의 기록에 10국밖에 없는 것은 이미 남가라, 탁기탄, 탁순이 신라에 멸망했기 때문이다. 이 외에 가야의 국명을 보여주는 것이 우륵 12곡의 곡명이다. 기악명인 것도 있지만 대부분은 지역명 혹은 국명을 가리키고 있다. 이들 국명의 위치비정을 통해서 가야후기의 가야 영역에 대한 대강을 알아볼 수 있다. 하지만 나라에 대한 위치비정이 쉽지 않다. 연구자들끼리 견해가 많이 다르다. 따라서 연구자들의 견해가 대체로 일치하는 국명을 중심으로 가야 영역을 살펴볼 수밖에 없다.

전기가야에서 지명비정이 가능한 것은 변진미리미동국(밀양), 변진고자미동국(고성), 변진구야국(김해), 변진안야국(함안)이다. 변진독로국은 일본과의 거리가 가장 가깝다는 『삼국지』의 기록에 근거하여 동래나 거제로 비정되고 있다. 어느 지역이 독로국에 해당하는지 명확하지 않지만 가야지역의 범주에 포함시켜도 문제가 되지는 않을 것으로 추정된다. 포상팔국 중에서 지명추정이 가능한 것은 골포국(창원), 칠포국(칠원), 고사포국(고성), 사물국(사천)이다.

후기가야에서 13국에서 지명비정이 가능한 것은 가라국(고령), 다라국(합천), 안라국(함안), 탁순국(창원), 사이기국(의령), 고차국(고성), 자타국(거창), 산반하국(합천 초계) 등이다. 우륵의 12곡명에서는 상가라도(고령), 하가라도(합천), 사물(사천), 거열(거창), 하기물(남원), 상기물(임실) 등이다.

따라서 이러한 지명비정결과를 바탕으로 가야의 영역을 어느 정도 추정해 볼 수 있을 것이다. 그리고 신라와 안라의 국경이 대강수였는데, 이 대강수는 낙동강이라 생각되므로 낙동강을 경계로 하여 가야영역을 그림으로 그릴 수 있겠다.

[표 1] 변한12국에 대한 위치비정

연구자 국명	이병도	천관우	김태식
변진미리미동국	밀양	예천군 용궁	밀양군 밀양읍
변진접도국	함안군 칠원		
변진고자미동국	고성	고성	고성군 고성읍
변진고순시국		사천-삼천포	
변진반로국	성주		
변진낙노국	하동군 악양		
변진미오야마국	고령	고령	
변진감로국	김천군 개녕	금릉군 개녕	
변진구야국	김해	김해	김해
변진주조마국	김해군 조마	함안군 칠원-마산	
변진안야국	함안	함안	함안군 가야읍
변진독로국	동래	동래	부산시 동래구

[표 2] 포상팔국에 대한 위치비정

연구자 국명	『삼국유사』	김정호	정약용	이병도	김정학	백승충	남재우
	합포	창원	창원	창원	창원	함안	창원
칠포		흥해(?)	칠원	칠원	칠원	칠원	칠원
고사포		경산	고성	고성	고성	진해	고성
고자국	고성	고성		고성	고성	고성	고성
사물국	사주	사천		사천	사천	사천	사천
보라국	나주						
예정지역			웅천,함안,진해,사천,곤양				웅천,거제,삼천포,진동만일대

[표 3] 후기가야 13국에 대한 위치비정

연구자 국명	스에마쯔 야스카즈	이병도	천관우	김태식
가라국	고령		고령	고령군 고령읍
안라국	함안	함안	함안	함안군 가야읍
사이기국	의령부림 신반리	삼가		의령군 부림면
다라국	합천	합천	합천	합천군 합천읍
졸마국	김해 마사리 솔마	김천	합천	
고차국	고성	고성	고성	고성군 고성읍
자타국	거창·진주			거창군 거창읍
산반하국	초계	의령		합천군 초계면
걸찬국	창원·굴촌현· 단계			산청군 단성면
임례국	거창 위천			
탁순국	대구		대구	창원시
탁기탄국	경산		경산	창녕군 영산면
남가라국	김해		김해	김해시

[표 4] 우륵 12곡의 기악명 및 위치비정

번호	연구자 곡명	이병도	스에마쯔 야스카즈	양주동	김동욱	타나까 도시아끼	김태식
1	하가라도	대가야 (고령)		아라가야 (함안)	금관가야 (김해)	다라 (합천군 쌍책면)	남가야 (김해시)
2	상가라도	본가야 (김해)		대가야 (고령)	대가야 (고령)	대가야 (고령군 고령읍)	대가야 (고령읍)
3	보기					포촌 (주천읍 곤양면)	
4	달기	달기 (예천)	달기현, 달구화	달기현 (예천)	달기 (예천)	달기(대사) 하동군 하동읍	
5	사물	사물 (사천)	사물 (사천)	사물현 (사천)	사물현 (사천)	사물 (사천읍)	사물현 (사천읍)
6	물혜		물아혜 (무안)	마리현 (함양)	모혜현 (군위)	문화량 (고성군 상리면)	
7	하기물			금물현 (김천)	금물 (김천)	하기문 (남원시)	하기문 (남원시)
8	사자기					삼지 (합천군 대병면)	
9	거열	고녕가야 (진주)	거창, 진주	거열군 (거창)	거열군 (거창)	거열 (거창읍)	거열군 (거창읍)
10	사팔혜		초팔혜 (초계)	초팔혜 (초계)	초팔혜 (초계)	초팔혜 (산반해) 초계면	초팔혜 (초계면)
11	이사				이서, 이열비	사이기 (의령군 부림읍)	
12	상기물					상기문 (임실읍)	상기문 (임실읍)

[그림 1] 가야영역도

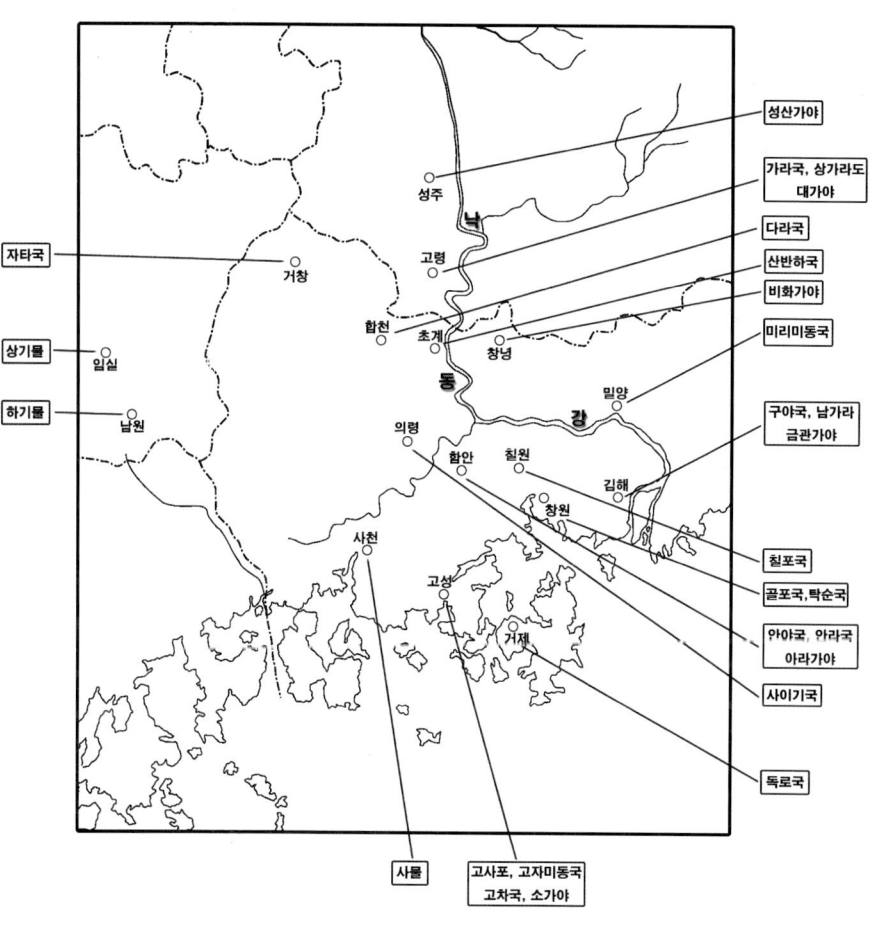

5. 전쟁과 가야의 발전

　가야사에서 커다란 변화를 가져왔던 두 차례의 전쟁이 있었다. 포상팔국전쟁과 광개토왕남정이다. 이것에 대한 기록은 소략하지만 가야사회의 변화를 보여주는 중요한 사건이다. 특히 포상팔국전쟁 기사는 가야에 대한 기록 중에서 단일한 사건을 『삼국사기』와 『삼국유사』가 동시에 다루고 있어 가야사회를 이해하는데 많은 도움을 주고 있다. 광개토왕의 가야진출과정은 「광개토왕비문」에서 어느 정도 알 수 있다.

| 골포국이 이용했을 것으로 추정되는 지금의 마산만 |

1) 포상팔국전쟁

포상팔국浦上八國은 삼한시기에 변한지역에 위치해 있었으며, 바닷가와 접하고 있던 여덟 개의 나라였다. 하지만 『삼국사기』와 『삼국유사』에는 다섯 나라만 확인되고 있다. 그나마 지금의 위치로 비정할 수 있는 것은 창원의 골포국, 사천의 사물국, 고성의 고사포국, 칠원의 칠포국이며, 보라국은 어딘 지 알 수 없다. 나머지는 정약용의 『강역고』에서 그 위치를 추정할 수 있다.

무릇 황수와 남수의 남쪽에 있는데 동쪽 끝은 김해이며, 다음 서쪽은 웅천, 창원, 칠원, 함안, 진해, 고성, 사천이며 서쪽 끝은 곤양이다. 신라사의 포상팔국은 다 이들을 가리키며 이것은 모두 옛날 변진의 땅이다.(『강역고』 변진별고)

포상팔국으로 이르는 골포는 지금의 창원에 합쳐지며, 칠포는 지금의 칠원이며, 고사포라 이르는 것은 고성을 가리킨다(본래의 명칭은 고자포이다)나머지는 알 수 없다.(『강역고』 변진별고)

정약용은 함안을 포상팔국의 하나로 보고 있지만, 『삼국사기』의 기록에 포상팔국이 함안지역인 '아라국'을 침략했다고 하므로, 함안지역을 포상팔국에 포함시킬 수는 없다. 정약용의 견해에 따르면 진해의 웅천이나 곤양지역이 포상팔국에 포함될 수도 있겠다. 이외에 유적이나 유물의 분포로 볼 때 마산합포구의 진동일대, 삼천포, 거제 등지에는 정치집단이 형성되었을 가능성이 있으므로, 이들 지역이 포상팔국이 위치했던 지역으로 추정할 수도 있다.

포상팔국전쟁에 대해서는 가야와 관계되는 다른 사건보다는 어느 정도 상세하게 『삼국사기』와 『삼국유사』에 기록되어 있어, 가야사회 내부의 발전과정을 이해하는데 커다란 도움을 주고 있다.

| 합천옥전 고분군 출토 갑옷
(합천박물관, 2005) |

| 김해 양동리 162호 목곽묘 출토 철복
(국립중앙박물관, 2001) |

6년(201) 봄 2월에 가야국이 화친을 청하였다.… 14년(209) 가을 7월에 포상팔국이 모의하여 가라를 침입하므로 가라왕자가 와서 구원을 청하니 왕이 태자 우로와 이벌찬 이음으로 하여금 육부병을 이끌고 가서 구원케하였다. 팔국의 장군을 쳐서 죽이고 사로잡혀

갔던 6천인을 빼앗아가지고 돌아왔다. 17년(212) 봄 3월에 가야가 왕자를 보내어 인질로 삼았다.(『삼국사기』 신라본기 나해니사금)

물계자는 나해니사금때의 사람으로서 집안은 한미하였으나 사람됨이 쾌활하여 어릴 때부터 큰 뜻을 품었다. 당시 팔포상국이 동모하여 아라국(阿羅國)을 침입하므로 아라가 사신을 보내 구원을 청하니 니사금이 왕손 날음을 시켜 가까운 군대와 육부군을 거느리고 가서 구원케 하니 드디어 팔국병이 패하였다.… 그 뒤 3년에 골포·칠포·고사포의 삼국인이 갈화성에 와서 침공하므로 왕이 군사를 거느리고 나가 구원하니 삼국의 군대가 대패하였다.(『삼국사기』 열전 물계자)

제10대 나해왕 즉위 17년(212) 임신에 보라국·고자국(지금의 고성)·사물국(지금의 사주)등의 팔국이 힘을 합하여 변경을 침략하므로 왕이 태자 날음과 장군 일벌 등에게 명하여 군사를 거느리고 이를 막게 하니 팔국이 모두 항복하였다.… 20년 을미에 골포국(지금의 합포)등 삼국왕이 각기 군사를 이끌고 갈화(굴불인듯하니 지금의 울주)을 공격하니 왕이 친히 군사를 이끌고 이를 막으니 삼국이 모두 패하였다.(『삼국유사』 피은 물계자)

전쟁의 원인

포상팔국은 가라(加羅: 김해) 또는 아라(阿羅: 함안)와 갈화성(울산)을 공격하였다. 전쟁의 원인은 무엇이었을까? 두 가지 견해가 있다. 먼저 포상팔국이 당시 해상교역권을 장악하고

| 김해 대성동 고분군에서 출토된 동복
(국립중앙박물관, 2001) |

있는 김해지역을 대상으로 교역권을 빼앗기 위해 벌였던 전쟁이라는 입장과 해안가에 위치해 있던 포상팔국이 안정적인 발전을 위하여 항상적으로 생산물을 확보할 수 있는 농경지 확보를 위한 내륙진출 목적으로 함안지역과 전쟁을 벌였다는 입장이다. 하지만 가라를 김해지역이라 생각한 것은 잘못이다. '가라'라는 표현은 가야지역에 대한 포괄적인 용어로 쓰여졌던 경우가 많으므로 오히려 전쟁당사국을 정확히 명시하고 있는 아라였을 가능성이 높다. 따라서 전쟁의 원인도 교역권 쟁탈전이라기보다는 농경지 확보를 위한 전쟁으로 보는 것이 옳다

포상팔국이 바닷가에 자리잡고 있었기 때문에 바닷길을 따라 선진문화를 받아들일 수 있는 좋은 조건을 갖추고 있었지만, 오히려 이러한 자연환경은 바다로부터의 외부세력 침입에 대비할 수밖에 없는 불리한 조건이 되기도 하였다. 또한 당시의 선진문화수입은 대부분이 지배층의 권위를 강조하는 위세품이었기에 백성들의 안정적인 삶을 보장해 주지는 못하였다. 백성들의 삶이 보장되지 못하고서는 나라의 발전은 기대할 수 없다. 따라서 지배층은 그들의 지위를 유지하기 위해서 백성들이 안정적인 삶을 유지할 수 있는 기반을 마련하는 것이 급선무였다.

포상팔국이 공격했던, 아라

고대사회에서 백성들의 삶을 보장해 주는 주요한 산업은 농업이었다. 천재지변이 없는 한 농사를 지음으로써 그 땅에 붙박아 생계를 유지할 수 있다. 농민들의 생산물은 세금으로 나라에 바쳐지고, 농민들의 노동력 또한 나라 발전의 기반시설이 되는 도로건설이나 성곽축조 등에 활용할 수 있고, 군사력으로 이용할 수도 있다. 따라서 해안가의 위험성을 극복하고 안정적인 성장과 발전을 도모할 수 있는 농경지의 확보를 위하여 함안지역으로 진출하려 했던 것이다. 그리고 포상팔국이었던, 사천이나 고성, 창원, 칠원은 함안을 둘러싸고 있었던 지형적인 조건으로 보아서도 아라가 전쟁 대상이었을 가능성이 높다.

포상팔국이 전쟁을 벌였던 함안이나 울산지역은 내륙으로 진출할 수 있는 교두보였다. 함안지역으로의 진출은 함안의 북쪽에 있는 의령, 진주, 고령, 합천, 거창 등지로 뻗어나갈 수 있으며, 울산은 넓은 뜰을 가진 경주로의 진출이 가능한 관문이었다.

함안지역은 변한의 안야국이 있었던 지역으로서 안야국은 변한 여러 나라 중에서도 강력한 정치집단이었으며, 농업생산력이 높았던 지역이다. 함안은 북서쪽으로 남강과 낙동강이 만나 의령과 창녕의 경계를 이루며, 남동쪽으로는 해발 600m 전후되는 고봉들이 창원과 마산의 경계를 이루고 있다. 이러한 자연지리적 환경 속에서 인간이 생활공간을 확보할 수 있는 평탄한 분지가 형성되어 농경에 유리한 지역이었던 것이다.

농경지의 확보라는 측면에서 본다면 김해지역 보다는 함안지역이 훨씬 유리했다. 흔히들 김해지역을 평야지대로 생각하고 있지만, 지금의 모습은 1900년경에 형성된 것이다. 구야국이 존재했던 시기의 김해지역에서 인간거주와 토지이용이 가능했던 지역은 현재의 산간지대에 소규모로 형성된 지극히 협소한 곡저평야였다. 현재 김해분지의 대부분은 가야시기에는 김해만이었다.

포상팔국의 입지조건

포상팔국이 위치했던 지역들은 농업이 유리했던 지역은 아니었다. 포상팔국에 해당하는 지역으로 보이는 고성, 창원은 어느 정도 분지를 끼고 있으나 웅천만, 진해만, 진동만 등은 내륙분지를 끼고 있지 않아 농업에는 불리한 지역이었다. 그리고 해안에 위치한 정치집단은 해안을 끼고 있었기 때문에 해양자원과 교역을 통해 발전할 수 있었지만, 이런 이유로 인하여 외적의 침입이 잦았던 곳이었다. 따라서 해안에 위치한 정치집단의 군사적 부담은 컸을 것이다. 이에 포상팔국은 그의 배후지에 해당하는 함안지역으로 영역을 확장하려고 했던 것이다.

물론 전쟁이 일어나기 전까지는 포상팔국과 안야국은 그들이 가지고 있는 생산조건의 차이로 인하여 서로 교류하면서 지냈을 가능성이 높다. 함안과 이어져 있는 진동지역은 함안이 바다로 진출할 수 있는 가장 가까운 거리에 있다. 진

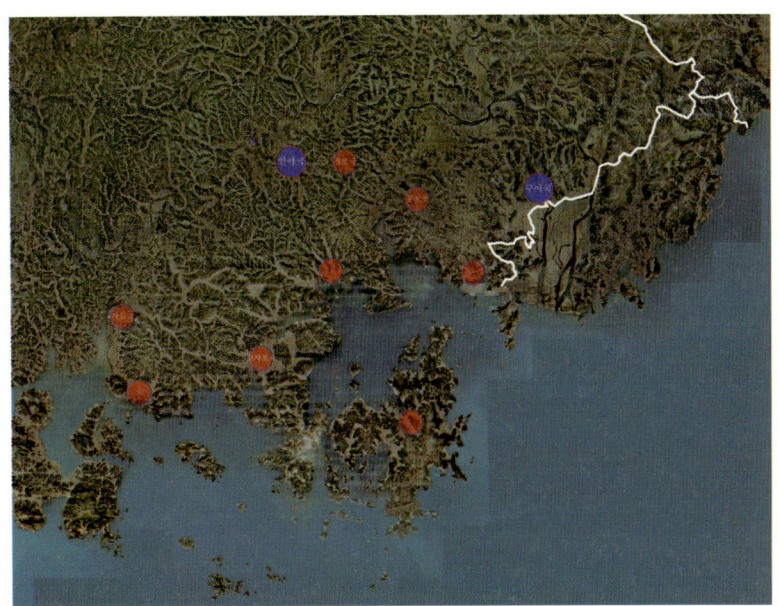

| 바다와 접한 포상팔국의 위치 |

동만을 통하여 중국군현이나 왜와의 교류도 가능하였을 것이다. 하지만 이러한 관계는 영원히 지속될 수 없었다. 포상팔국은 농경지 확보가 관건이었고, 안야국 또한 수산자원과 교역을 위한 해로 확보는 중요한 문제였기 때문이다.

전쟁이후의 포상팔국

하지만 골포국을 비롯한 포상팔국은 전쟁에서 모두 패배했다. 이들 지역은 4세기대 이후 함안의 안야국(안라국)의 영역으로 편입되거나 영향력 아래에 놓이기도 하고 또 다른 가야의 나라로 바뀌었다. 칠원의 칠포국은 아라가야의 영역에 편입되는 계기가 되었고, 창원지역은 후기가야의 탁순국으로 변모하였다.

포상팔국세력의 좌절은 오히려 아라국(안라국,아라가야)이 성장할 수 있는 계기가 되었다. 특히 직접 해안으로 진출할 수 있게 되어 수산자원의 확보뿐 아니라 중국이나 왜와 교역할 수도 있게 되었다. 이것이 바탕이 되어 4세기 이후 아라가야는 급속하게 성장하였고, 5세기대에 이르면 말이산고분군과 같은 대형고분을 축조할 수 있을 만큼 커다란 정치집단으로 성장하게 되었다. 따라서 이 전쟁에서 아라가야가 승리함으로써 김해의 가락국과 함께 강력한 정치집단으로서의 위치를 계속 유지할 수 있게 되었다.

2) 광개토왕의 남정(南征)

| 광개토왕비 |

400년 광개토왕의 남정(南征)을 흔히들 고구려의 신라구원전쟁이라 부른다. 왜가 신라를 침입하자 신라가 고구려에 구원을 요청하게 되고, 고구려 광개토왕은 5만의 기병과 보병을 보냈기 때문이다. 하지만 이 전쟁은 신라를 구원하기 위한 것이라기 보다는 한반도 남부지역에 대한 진출을 통하여 백제를 견제하기 위한 고구려의 대외정책을 의미하는 것이며, 이로 인해 가야사회는 커다란 변화를 겪게 되었다.

10년(400) 경자에 교서로써 보병과 기병 5만을 보내어 신라를 구하게 하였는데 남거성을 따라 신라성에 이르니 왜가 그 중에 가득했으나 고구려군대가 이르니 왜적이 퇴각하였다. 왜의 뒤를 급히 추격하여 임나가라 종발성에 이르니 성이 즉시 항복하였다.(「광개토왕비문」경자년)

| 경주 호우총에서 나온 호우(壺杅) (국립경주박물관, 2002) |

고구려가 가야지역으로 군대를 파견한 것은 단순히 신라를 왜로부터 구원하기 위한 전쟁으로만 볼 수는 없다. 400년에 일어난 전쟁은 고구려가 4세기초 낙랑군과 대방군을 축출한 이후 두 군이 가지고 있었던 상업적 이익을 누가 차지할 것인가를 둘러싸고 벌어진 고구려-백제 두 나라 사이의 대립과 갈등의 연장선 위에 있다. 백제 근초고왕대인 4세기 중후반에는 백제가 우위를 보였다. 백제의 근초고왕은 고구려와의 전쟁에서 고국원왕을 전사시키고 승리하면서 낙랑과 대방지역을 먼저 차지하였다. 하지만 광개토왕이 즉위하면서 전세는 역전되었다. 고구려는 먼저 백제로부터 옛 대방지역을 빼앗고, 신라를 우군으로 삼아 가야지역을 매개로 한 왜와의 교역권마저 빼앗으려 하였다. 따라서 전쟁은 가야지역에서 일어났지만 그것은 5세기대 동북아시아의 패권을 둘러싼 고구려와 백제의 대립이었던 것이다.

| 태왕릉 |

고구려가 임나가라 즉 김해지역까지 진출함으로써 가야사회 내부의 변화는 컸다. 4세기대 말까지 가야의 중심세력이었던 김해 가락국이 광개토왕의 남정으로 쇠퇴하게 되었다. 이것은 가야의 중심세력이 함안의 아라가야와 고령의 대가야로 변화하는 계기가 되었다.

아라가야의 성장을 보여주는 것이 「광개토왕비문」이다. 비문에서는 아라가야 즉 안라(安羅)가 세 차례에 걸쳐 등장하고 있다.

안라인수병이 신ㅁ성, 염성을 공략하니 왜구가 크게 무너지고 성안의 십중의 구가 왜에 따르는 것을 거부하니, 안라인수병이 …을 잡아서 …

나머지 왜가 역시 안라인수병에 따랐다.

비문을 통해서 볼 때 아라가야는 광개토왕의 남정으로 인한 전쟁에 참여하고 있음을 알 수 있다. 여태까지 400년에 일어난 이 전쟁을 '고구려-신라'의 연합군과 '백제-가야-왜' 연합간의 전쟁이라 이해해왔다. 이러한 입장은 가야의 여러나라들이 김해 가락국을 중심으로 연맹체관계에 있었기 때문에 연맹체의 맹주국이었던 임나가라 즉 가락국이 고구려의 공격을 받았으므로 가야지역의 모든 나라들이 백제-왜의 연합군에 참여했다는 것이다.

고구려에 동조했던, 아라가야

하지만 의문이 남는다. 고구려의 남정에서 김해의 가락국인 임나가라는 전쟁에서 패배했고, 그 이후 쇠퇴의 길을 걸었지만, 아라가야(안라국)는 전쟁이후 오히려 정치적 성장을 보여주고 있기 때문이다. 즉 아라가야의 정치적 성장을 보여주는 것이 400년의 전쟁이후 축조된 대형고분인 말이산 고분군이다. 이것은 전쟁에서 아라가야가 전쟁에 참여하지 않았거나, 오히려 가락국이나 왜와 연합한 것이 아니라 고구려와 신라의 연합군에 동조했을 가능성을 보여준다. 광개토왕비문에 '안라인수병(安羅人戍兵)'이라는 기록이 세 차례 보이는 것으로 보아 아라가야는 고구려-신라연합군의 편에서 전쟁에 참여하였을 가능성이 높다.

아라가야는 400년 전쟁에서 고구려의 편에 섰기 때문에, 김해지역과 달리 세력을 유지할 수 있었고, 오히려 성장의

| 통구12호분벽화에서 보이는 말갑옷, 경남 함안 마갑총에서도 이와 비슷한 말갑옷이 출토되어 고구려와 함안지역의 문화교류를 엿볼 수 있다. |

발판을 마련할 수 있었다. 김해 가락국이 전쟁에서 패배함으로써 경남 서남부지역에 대한 영향력을 상실하게 되었고, 이 틈을 타서 아라가야가 그 공간을 차지하게 되었다. 따라서 함안지역의 아라가야는 후기가야의 강국으로 성장하게 된 것이다. 5세기대 대형고분의 축조, 6세기대 가야의 여러 나라를 대표했던 아라가야의 외교활동은 광개토왕의 남정에서 비롯된 것이었다.

가야사회의 변화

고구려의 남정은 가야사회에 커다란 영향을 미쳤다. 첫째, 전쟁으로 인하여 가락국이 커다란 타격을 입었고, 이를

| 경남 의령에서 출토되었다고 전해지는 년가7년명금동불상으로 고구려의 것으로 추정된다. 따라서 가야에 속하는 의령지역과 고구려의 관계를 엿볼 수 있다. |

계기로 낙동강의 동쪽 지역인 경북 성주, 밀양, 부산 동래, 양산지역이 신라의 영역권으로 포함되고 낙동강 하구의 주요 세력이 궤멸됨으로써 가야는 해상교역의 이익을 대폭 상실하게 되었다. 둘째, 신라는 가야와 왜의 위협으로부터 벗어날 수 있었으나 고구려의 정치적 간섭을 받게 되었다. 셋째로 김해의 가락국이 쇠퇴한 대신에 경상도 내륙지역의 가야 여러나라와 왜가 성장하기 시작했다. 전기 가야문화의 중심지였던 낙동강하구의 주민들이 흩어져 경상 내륙지역과 일본 열도 등으로 이주하면서 제철 및 철기 가공기술, 도질토기 제조기술 등이 전파되었던 결과이다.

 이외에도 광개토왕의 남정이 가야지역에 미친 영향은 가야지역 중심세력이 교체되었다는 사실이다. 가락국이 전쟁에 패배함으로써 가락국이 쇠퇴하게 되고 아라가야와 대가야가 가야지역 내에서 중추적 역할을 담당하게 되었다. 즉 후기가야가 시작된 것이다.

6. 고대국가, 대가야와 아라가야

가야는 오랫동안 신화 속의 나라였다. 국사교과서에 보이는 가야는 고구려, 백제, 신라처럼 고대국가로 발전하지 못한 미숙한 나라이다. 즉 고대국가 이전 단계인 맹주국을 중심으로 한 연맹체 단계에 머물렀다는 것이다.

연맹체론도 단일연맹체론, 지역연맹체론으로 나뉘어진다. 단일연맹체론은 가야를 전기와 후기로 나누어, 전기가야연맹, 후기가야연맹으로 정리되고 있다. 전기가야연맹은 1~4세기 동안 김해 가락국을 맹주국으로, 후기가야연맹은 5~6세기 동안 고령의 대가야를 맹주국으로 설정하고 있다.

연맹체설에 대한 의문

가야의 연맹체설에 대한 반론도 만만치 않다. 가야사 수백년 동안의 발전과정을 연맹단계로만 이해하는 것은 가야사의 내부 발전과정을 인정하지 않는 것이므로, 대가야와 아라가야와 같은 유력한 정치집단은 국가체제를 갖춘 '도시국가'라고 규정하기도 하였다.

연맹의 근거가 되고 있는 가야 여러나라 사이의 교역, 군사적 공동대응도 문제가 있다. 교역은 경제적인 교환관계로서 요즘의 블록경제체제 정도와 비교될 수 있을 뿐이지 결코 정치경제적 구심점이 있어 그것을 중심으로 연맹체를 구성하고 있었다는 증거는 없다. 교역이라는 것은 '상호보완유통관계(相互補完流通關係)'일 뿐이다. 연맹형성의 직접적인 동기는 군사적 공동대응인데, 가야의 여러나라들이 신라나 백제의 가야침략과정에서 군사적 공동대응을 한 경우는 없으므로 연맹체로 규정하는 것은 문제가 아닐 수 없다.

따라서 1980년대 이후 가야사연구가 확대되면서 연맹체설에 대한 생각이 조금씩 변하기 시작했다. 진한에서 출발한 신라가 율령체제를 바탕으로 한 고대국가를 완성하였는데, 유독 가야만 미숙한 사회발전단계였다는 것은 가야의 정치·사회발전을 지나치게 낮추어본 과거의 통념에서 비롯된 것이므로, 가야의 국가발전단계를 재설정해야 한다는 주장이 제기되고 있다.

독자성을 유지했던 가야의 나라들

가야는 처음부터 여러 개의 정치집단으로 나뉘어있었다. 『삼국사기』에 기록된 가야는 가야멸망후의 가야사에 대한 인식에 불과하며, 『삼국사기』 이전의 기록에서는 가야 각국의 이름이 등장하고 있다. 「광개토왕비문」에도 가라, 안라가 나타나고 있으며, 『일본서기』 백제관계 기사에서는 가라, 안라를 비롯한 여러 나라의 이름이 기록되고 있다. 즉 신라와 백제의 가야진출과정에서 가야지역의 독립성을 유지하기 위한 공동외교의 형태를 띠기도 하였지만 단일한 연맹의 형태를 경험한 적은 없었다. 즉 가야의 여러 나라들은 각자 독자성을 유지하고 있었던 것이다.

가야지역이 하나의 단일정치집단이었을 가능성이 없다면 가야전체를 대상으로 하는 국가발전단계를 설정할 수가 없다. 따라서 가야 각국의 발전단계를 살펴보아야 할 것이다.

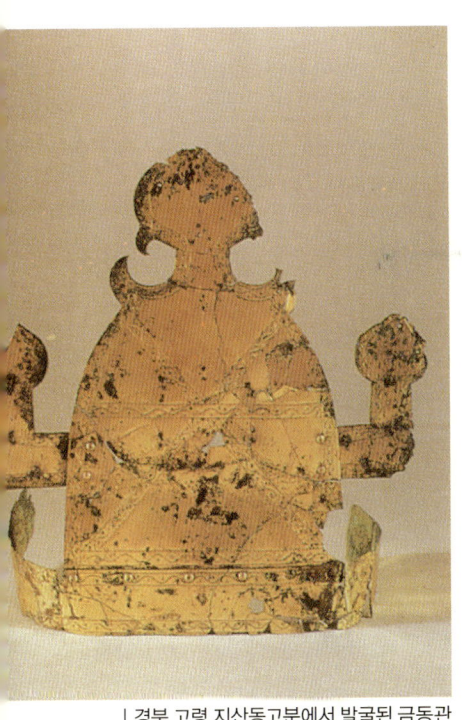

| 경북 고령 지산동고분에서 발굴된 금동관 (경상북도, 1998) |

가야 각국은 제각각 발전정도가 달랐다. 이것은 백제 성왕이 주도한 사비회의에 파견된 사신들의 지위를 통해서도 알 수 있다. 아라가야·대가야·다라가 차(下)한기·상수위 등을 파견하고 있는 반면에 졸마 등 5개국은 한기층을 파견하고 있다. 졸마국 등이 한기(旱岐), 군(君), 한기아(旱岐兒), 군아(君兒)를 파견하였는데 군은 한기를 일컫는 것이며, '아'는 한기의 왕자, 즉 소국의 왕자로서 한기층의 범주에 포함될 수 있다. 각국의 정치적 위상에 따라 상호 대등한 신분의 대표자가 파견되었을 것이기 때문에 대가야, 아라가야, 다라국은 졸마국을 비롯한 가야 여러나라보다 한 단계 높은 발전단계에 이르렀을 가능성이 높다. 하지만 다라국에는 왕의 존재가 보이고 있지 않다. 따라서 가야사회에서 가장 선진적인 정치집단은 대가야와 아라가야였다.

왕이 존재했던, 대가야와 아라가야

건원 원년(479)에 국왕 하지(荷知)가 사신을 보내어 조공하니 조서를 내려 말하기를 "도량이 넓은 자가 비로소 왕위에 오르니 멀리있는 오랑캐가 감화를 받아 가라왕 하지가 바다의 밖에서 와서 폐백을 바치니 보국장군본국왕(輔國將軍本國王)을 제수하였다"라고 하였다.(『남제서』동남이전 동이 가라국)

| 가야 지배층의 무덤에서 출토되고 있는 환두대도 (합천박물관, 2005) |

이에 안라는 새로이 고당(高堂)을 짓고 칙사를 인도하여 올라가는데 국주(國主)는 뒤따라 고당에 올라갔고 국내의 대인으로서 미리 당에 오른 사람은 하나둘이었으며 백제장군군 등은 고당 아래에 있었다.(『일본서기』 계체기 23년(529) 3월조)

여름 4월에 안라차한기(次旱岐) 이탄해 · 대불손 · 구취유리, 가라상수위(上首位) 고전해, 졸마한기, 산반해한기아, 다라하한기 이타, 사이기한기아, 자타한기 등과 임나일본부 길비신이 백제에 가서 모두 조서를 전해 들었다.(『일본서기』 흠명기 2년(541) 4월)

무릇 임나는 안라로써 형(兄)을 삼고 오직 그 뜻에 따랐다.(『일본서기』 흠명기 5년(544) 3월)

일본 길비신, 안라 하한기(下旱岐) 대불손 · 구취유리, 가라 상수위 고전해, 졸마군, 사이기군, 산반해군아, 다리 이수위(二首位) 흘건지, 자타한기, 구차한기가 거듭하여 백제에 갔다. 이에 백제왕 성명(聖明)이 대략 조서를 보이며 말하였다. (중략) 이에 길비신과 한기 등은 "대왕이 말한 세가지 계책은 저희 마음에 듭니다만, 이제 돌아가서 삼가 일본대신과 안라왕, 가라왕에게 여쭙고 함께 사신을 보내 천황에게 같이 상주하고자 합니다"라고 말하였다.(『일본서기』 흠명기 5년(544) 11월)

5월 무진삭 을해에 백제 · 가라 · 안라는 중부 덕솔 목협금돈과 하내부 아사비다 등을 보내 말하기를, "고려(고구려)와 신라가 연합하어 신국(新國)과 임나(任那)를 멸하려고 합니다. 그런 까닭으로 구원병을 청하여 먼저 불의에 공격하려 합니다. 군대의 많고 적음은 왜왕의 조칙에 따르겠습니다". 이에 조서를 내려 말하기를 "지금 백제왕·안라왕·가라왕이 일본부신 등과 더불어 사신을 보내 말한 진상은 잘 들었다. 또한 마땅히 임나와 마음을 합하여 힘을 하나로 하라"고 하였다.(『일본서기』흠명기 13년(552) 5월조)

가야사회의 정치적 발전과정을 이해하기 위해서는 『삼국지』『남제서』『일본서기』 등의 사서와 토기에 새겨진 명문을 통해서 알 수 있다. 가야 수장층의 칭호는 삼한단계의 신지, 험측, 번예, 살해, 읍차에서 한기단계로 그리고 왕·대왕단계로 변화되었다. 가야의 수장이 대왕이라는 칭호를 사용했을 가능성은 충남대 박물관에 소장되어 있는 고령계 토기에 "대왕(大王)"이라는 문자가 확인되면서 대가야의 왕이 대왕을 칭하였을 것으로 추정하고 있다. 가야 여러나라 중에서 왕의 칭호를 사용했던 정치집단은 대가야, 아라가야였다. 즉 대가야와 아라가야의 두 나라에는 왕이 있다고 하여, 다른 가야제국들로부터 초월적인 지위를 인정받고 있었다. 백제 성왕이 주도한 사비회의에 참여한 사람들이 백제의 성왕이 제시한 계책에 대하여 안라왕과 가라왕에게 결정을 미루고 있음을 통해서도 드러난다. 특히 『일본서기』 흠명기 5년(544)의 기록에서는 가야제국이 안라국을 '형'으로 삼아 그 뜻에 따랐다고 하였다.

왕호의 사용은 6세기대 이전부터 사용되었을 가능성이 높

| 충남대 박물관에 소장되어 있는 대가야계통의 토기에 '大王'이라는 글씨가 새겨져 있다. |

다. 대가야가 남제(南齊)에 사신을 보내는 479년에 대가야가 왕호를 사용하고 있었던 것으로 보아 대가야의 왕호 사용을 5세기 중엽경으로 볼 수 있다면, 아라가야도 대가야와 거의 같은 시기로 보아도 될 것이다. 대가야의 정치적 성장 정도를 보여주는 고령 지산동 고분군에 비견될 수 있는 아라가야의 유적인 말이산고분군이 5세기 전반부터 축조되고 있는 것을 통해서 알 수 있다.

지배층의 분화

왕호의 사용과 함께 왕권 성립을 알 수 있는 것은 왕권 아래의 지배층 분화를 통해서이다. 지배층의 분화는 백제 성왕이 주도한 사비회의에 참석한 사람들의 지위를 통해서 알 수 있다. 대가야에서는 상수위, 아라가야에서는 차한기와 하한기를 파견하고 있다. 아라가야의 경우에는 대불손과 구취유리가 차한기였다가 하한기가 되는 것으로 보아 차한기와 하한기는 동일한 지위로 볼 수 있다. 대가야는 상수위가 있는 것으로 보아 하수위가 있었을 가능성이 있다. 따라서 대가야는 왕-상(하)수위, 아라가야는 왕-차(하)한기로 분화되었다고 볼 수 있다.

한기층들은 왕 아래에서 종족적 기반을 지니면서, 사비회의에 참석하는 것으로 볼 때 외교문제 등의 중대사에 참여하였을 것이다. 고구려의 제가회의(諸家會議)나 신라의 화백회의(和白會議)와 같은 귀족회의체에서 중요정책결정에 참여했던 구성원이었을 것이므로 '제한기회의체(諸旱岐會議體)'라 부를 수도 있을 것이다. 여하튼 왕 아래 분화된 한기가 존재하고 있는 것은 왕권의 성립을 알 수 있다.

아라가야에는 왕 아래에 '대인(大人)'이란 존재도 있었다. 아라가야에 병합되었던 인근 지역의 지배층들이 아라가야 지배체제에 편입됨으로써 생겨난 계층으로 볼 수 있다. 즉 5세기대 이후 아라가야의 권역이 확대되면서, 의령, 진동, 칠원 등의 일부지역이 아라가야의 영역으로 흡수되었는데, 이들 지역의 지배층이 아라가야 지배체제에서 대인이 되었을 가능성이 높다.

대인과 한기층의 관계가 어떤 것인지는 알 수가 없다. 외국사신이 참여하는 고당회의(高堂會議)에 대인이 참여하고 있고, 직접적 외교활동에는 한기층이 참여하고 있는 것으로 보아 그들의 역할은 구분되어 있었을 가능성도 있다. 하지만 대인이 한 두 명에 불과한 것으로 보아 대인, 한기층 모두가 국가의 중대사인 전쟁이나, 외교에 있어서 왕 아래에서 중요한 정책을 결정하는 역할에 참여하였던 것으로 이해하는 것이 옳겠다. 즉 '제한기회의체'의 구성원으로 보아야 할 것이다.

[표 5] '사비회의'에 참여한 가야제국과 참석자

국명	흠명기 2년 (541) 4월		흠명기 5년 (544) 11월	
	지위	인명	지위	인명
안 라	차한기	이탄해·대불손·구취유리	하한기	대불손·구취유리
가 라	상수위	고전해	상수위	고전해
졸 마	한기		군	
산반해	한기 아		군아	
다 라	하한기	이타	이수위	흘건지
사이기	한기 아		군	
자 타	한기		한기	
구 차			한기	

고대국가, 대가야와 아라가야

대외관계의 측면에서도 중국과 교섭하고 있는 것으로 보아 정치적 성장을 읽을 수 있다. 가라국왕(대가야왕) 하지가 남제에 사신을 보내어 '보국장군 본국왕'을 제수받고 있다.

이것으로 대가야의 대외적 위상을 알 수 있다.

　따라서 가야의 여러나라 중에서 대가야와 아라가야는 중국식 왕호를 사용하고 있었으며, 대가야는 남제에 사신을 보내 '보국장군 본국왕'이라는 작호를 받고 있다. 또한 국호를 신라와 마찬가지로 영역의 개념을 담고있는 '라(羅)'를 칭하고 있고, 한기층이 분화되어 일정한 정치적 서열화가 이루어지고 있는 것으로 보아 고대국가 단계에 이르렀다고 볼 수 있다.

7. 가야의 멸망

　가야의 역사는 562년 대가야의 멸망으로 역사의 뒤안길로 사라졌다. 5세기 중엽부터 6세기전반까지 가야는 동쪽의 신라와 서쪽 백제의 공격 대상이 되었다. 아라가야를 비롯한 가야의 나라들은 신라와 백제에 대항해 자국의 독립을 유지하기 위하여 친백제·친신라 정책을 적절하게 반복하였다. 그리고 왜를 끌어들여 외교활동에 이용하기도 하였다.

　하지만, 양산지역으로 진출하여 가야진출의 교두보를 확보한 신라는 낙동강을 건너 김해의 가락국 등을 멸망시키면서 서쪽으로 진출하고 있었다. 이에 함안의 아라가야는 신라의 위협에 대응하고자 가야 여러 나라의 왕과 왜의 사신을 불러모아 협의하기도 하고, 백제의 사비성에서 성왕과 외교교섭을 추진하기도 하였다. 백제도 섬진강으로 본격진출하기 시작하여 섬진강을 따라서 하동지역까지 진출하였다.

| 경남 산청에 있는 것으로서, 김해 가락국의 마지막 왕인 구형왕의 무덤이라 전해진다. |

가야의 멸망원인

 가야가 멸망한 가장 직접적인 원인은 신라의 끈질긴 영역 팽창 정책 때문이었다. 신라가 백제와의 관산성 전투에서 승리함으로써 한강유역을 독차지하게 되고, 백제를 가야지역에서 축출하게 되었다. 이에 신라는 본격적으로 가야지역에 대한 공격을 시작했다. 아라가야와 대가야는 가야의 독자성을 유지하기 위한 눈물겨운 노력을 했지만, 신라의 가야 공략을 이겨낼 수 없었다. 함안의 아라가야는 560년경, 고령의 대가야는 562년에 망하고 말았다. 대가야는 신라의 16세 소년이었던 화랑 사다함에게 무너지고 말았다. 이로

| 창녕 진흥왕척경비 |

| 창녕 진흥왕척경비문 (성균관대학교 박물관, 2008) |

써 가야는 역사속으로 사라지게 되었던 것이다.

가야지역에서 조사된 유적과 유물로 볼 때 가야는 당대의 신라와 백제에 못지않은 세련된 문화를 가지고 있었다. 그림에도 불구하고 가야가 신라에 멸망되었던 이유는 무엇이었을까?

첫째, 가야 각국은 자급자족할 수 있는 지형조건을 가지고 있었기 때문에 오랫동안 독립된 정치집단으로 존재할 수는 있었지만, 서로 통합하여 하나로 발전하지는 못했다. 산간에 입지했던 지형조건은 서로간의 교류에 장애요인이 되었고, 자신들의 믿음과 사고에서 벗어나기 어려운 한계를 가지게 하였다. 따라서 가야의 여러 나라들 사이에는 힘의 견제와 균형이 이루어져 통합된 정치집단으로 성장할 수 없었던 것이다. 즉 각 국 사이의 힘의 균형(balance of power)으

| 창원 다호리에 출토된 철제농기구 |

로 인하여, 어느 하나의 나라가 결정적으로 나머지 나라들을 복속시켜 대국으로 성장할 수 없었기 때문에 신라에 의해서 하나씩 차례대로 소멸되었다.

백제나 신라의 경우는 백제국과 사로국을 중심으로 인근의 정치집단을 복속시켜 나갔다. 백제국은 한강유역에 자리잡고 있었던 정치집단으로서 북방의 선진문화를 바탕으로 마한지역 전체를 아우를 수 있었다. 사로국의 경우 사로국이 위치했던 경주지역은 진한 지역에서는 가장 생산력이 높은 경주분지를 배경으로 하고 있었고, 인근에 울산과 같은 항구를 끼고 있어서 대외교역에도 유리한 입지를 가지고 있었다. 그 결과 고대국가로 성장하게 되었다. 하지만 가야의 여러 나라가 위치했던 지역은 600~800미터 정도 되는 산으로 둘러싸여진 분지를 중심으로 성장해 나갔기 때문에 특별하게 우월한 정치집단의 발전을 기대하기 어려웠다. 즉 강력한 하나의 국가로 통합되지 못했기 때문에 보다 강한 결집력을 가지고 있었던 신라에게는 역부족이었던 것이다.

둘째, 교역에 대한 의존도가 너무 높았다. 즉 가야의 힘은 철 생산 능력의 우월성이었다. 가야는 일찍부터 풍부한 철광산을 소유하고 이것을 개발하여 철을 팔아 낙랑과 대방의 선진문물을 구할 수 있었고, 왜국에 대해서도 철자원 및 철기 제작 기술면에서 우위를 가지고 있어서 왜를 어느 정도 활용할 수 있었다. 하지만 5세기대 이후 왜가 제철능력을 가지게 되면서 왜에 대한 상대적 우월성을 상실하게 되었다. 게다가 선진문물의 측면에서 가야보다 우월했던 백제가 5세기대 이후로 왜와 직접 통교하면서 대왜교역면에서 백제와의 경쟁

| 가야의 유일한 벽화고분인 고령 고아동벽화고분에 그려진 연화문의 모습 (박천수 외, 2003) |

에서 이길 수가 없었다. 이것이 가야의 발전을 저해했던 것이다. 오히려 철생산능력을 바탕으로 철제농기구를 개발하고 이를 바탕으로 농업생산력을 더욱 확대했더라면 지속적인 발전과 정치집단의 안정을 도모할 수 있었을 것이다.

끝으로, 대형고분에 다량의 유물을 부장한 것은 국가적 생산력의 손실이었다. 신라의 경우 6세기대 이르면 무덤의 껴묻거리를 간소화하고 있는데 가야는 멸망 때 까지 다량의 부장품으로 무덤을 채웠다. 이것이 가야의 국가 경쟁력을 약화시키는 한 요인이 되었을 가능성도 없지 않다.

8. 건국신화로 본 가야

신화는 시대에 따라 변화되어왔고, 이데올로기나 현실적 필요에 따라 다시 꾸며지기도 하였다. 따라서 건국신화가 역사적 사실의 반영일 수는 있지만 현재 남아있는 내용의 전부를 역사적 사실로 받아들여서는 안 된다. 때문에 신화가 허구는 아니지만, 건국신화를 통해서 고대국가 형성기의 역사적 사실을 복원하기 위해서는 후대의 과장이나 미화된 내용을 걸러내어야 한다.

가야 건국신화의 전형적인 모습을 전하는 기록은 『삼국유사』, 「가락국기」의 수로신화와 『신증동국여지승람』의 고령군 건치연혁조에 보이는 정견모주(正見母主)신화이다. 이 두 기록은 신화이지만 역사적 사실을 반영하고 있어 가야사연구에 커다란 도움을 주고 있다. 현재까지의 가야사의 줄거리가 이 두 신화에 의존하고 있다고 해도 과언이 아니다. 즉

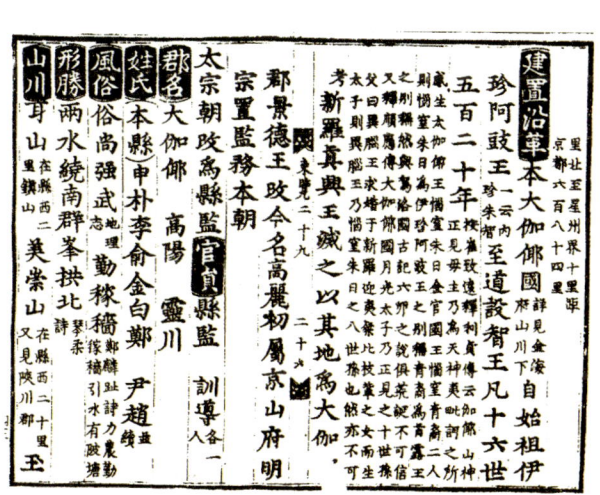

| 『신증동국여지승람』 고령군 건치연혁조에 대가야건국신화가 실려있다. |

가야를 전기와 후기로 시기구분하고 전·후기가야의 맹주국이 가락국과 대가야라고 하는 근거가 건국신화에 근거를 두고 있다고 해도 지나치지 않다.

자줏빛 끈이 하늘로부터 드리워 땅에 닿아 있었다. 끈이 내려와 있는 곳을 찾아가니 붉은 보자기로 싸인 금빛 상자가 보였다. 열어보니 해와 같이 둥근 황금 알 여섯 개가 있었다… 열이틀이 지나고 난 다음날 동이 틀 무렵 무리들이 다시 함께 모여 상자를 열었더니 알 여섯 개가 변하여 사내아이로 되었는데 용모가 매우 훌륭하였다. 나날이 성장하여 십여 일이 지나자 신장이 아홉 자나 되었다… 그 달 보름에 왕위에 오르니, 처음으로 나왔으므로 이름을 수로라 하였다… 나라 이름을 대가락(大駕洛)이라 하였다. 또한 가야국(伽耶國)이라고도 일컬었으니, 곧 6가야의 하나이다. 나머지 다섯 사람은 각각 돌아가 5가야의 임금이 되었다.(『삼국유사』 가락국기)

본래 대가야국(大伽耶國)이었다. 시조 이진아시왕(伊珍阿豉王)으로부터 도설지왕(都設智王)에 이르기까지 모두 16세, 520년이었다.[최치원의 석리정전(釋利貞傳)에 이르기를 "가야산신 정견모주(正見母主)가 천신(天神) 이비가지(夷毗訶之)에게 감응되어 대가야왕 뇌질주일(惱窒朱日)과 금관국왕 뇌질청예(惱窒靑裔) 두 사람을 낳았다."라고 하였다. 그러므로 뇌질주일은 곧 이진아시왕의 별칭이 되고 청예는 수로왕의 별칭이 된다. 그러나 (최치원의 말은) 가락국 고기의 여섯 알 전설과 더불어 모두 허황되어 믿을 수 없다. 또 (최치원의) 석순응전(釋順應傳)에 이르기를, "대가야국 월광태자(月

光太子)는 정견(正見)의 10세손이다. 아버지는 이뇌왕인데 신라에 구혼하여 이찬 비지배의 딸을 맞아 태자를 낳았다." 라고 하였다. 그러므로 이뇌왕은 곧 뇌질주일의 8세손이다. 그러나 역시 확인할 수 없다] 신라 진흥왕이 멸하고 그 땅을 대가야군으로 삼았다.(『신증동국여지승람』 고령현 건치연혁)

가야지역에는 여러 나라들이 있었음에도 불구하고 왜 가락국과 대가야의 건국신화만 전승되고 있는지는 알 수 없다. 아마 가야 각국도 건국신화가 있었겠지만, 가락국과 대가야처럼 건국신화가 체계화될 기회를 얻지 못했을 가능성이 크다.

1) 가락국 건국신화

가락국신화의 현전하는 형태는 『삼국유사』의 「가락국기」이다. 하지만 수로신화가 최종적으로 정리된 것은 고려 문종대의 「가락국기」이다. 현존하는 『삼국유사』의 「가락국기」는 일연이 간략하게 줄여서 기록한 것이기 때문이다. 고려 문종대에 편찬된 가락국기 또한 그 이전의 자료를 참조하였을 것이다. 신화와 관련된 자료는 『개황력(록)』, 『삼국사기』의 김유신전, 김유신의 현손(玄孫)인 김장청이 찬한 『김유신행록』 10권, 「김유신비문」 등이다.

가락국신화의 체계화 과정

가락국신화가 체계화된 것은 문무왕대를 전후한 시기로 추정된다. 『삼국사기』 김유신열전에는 가락국신화가 전해지고 있다. 이 내용은 김유신비문을 참조했을 가능성이 높다. 김유신비문은 문무왕 13년(673)에 김유신이 죽자 "비를 세워 업적을 기록하게"(『삼국사기』 김유신전) 하였기 때문이다. 따라서 김유신열전에 기록된 가락국신화는 7세기대까지는 성립되었을 가능성이 높다.

『개황력』 편찬시기도 신라 문무왕대를 전후한 시기로 추정할 수 있다. 김유신, 문명왕후 등 가야계 후손의 정치적 비중이 절정에 달하고 김해에 금관소경을 설치하기도 한 문무왕대를 전후한 시기에 신화를 비롯한 가락국의 역사가 일단 문자로 정착되었을 가능성이 크기 때문이다. 그리고 『개황력』은 난생담을 포함하고 있는 기존의 왕력에 금난(金卵)이 김씨(金氏)가 되었다는 성씨내력담이 있으므로 김씨세력의 개입에 의해 건국신화가 체계화되었음을 알 수 있다. 그런데 '김해 김씨'성의 기원은 적어도 7세기 중반 문무왕대에는 정리가 이루어졌을 가능성이 높다. 이것은 661년에 문무왕이 즉위하면서 수로왕묘 제사에 대해 내린 제지(制旨)에서 왕 자신과 수로왕의 세계(世系)를 인식하고 있는 것 뿐만 아니라 가락국기의 내용이 김해 김씨의 시조 김수로에게 집중되고 있는 것에서 알 수 있다. 가락국기의 내용이 성립된 것은 통일기 이후 김해김씨의 정치집단이 그들의 조상을 신성화시키고 그들의 정치적 위상을 강화시키려는 의도의 표현으로 볼 수 있다. 따라서 가야의 건국신화는 삼국통일기에 들어서 체계화되었을 가능성이 높다.

수로신화의 완성

하지만 수로신화의 모든 내용이 통일기에 완성된 것은 아니었다. 구지가, 난생담 등의 고대적 신화요소들은 일찍부터 김해지역에 전승되어왔을 것이다. 수로신화의 원형은 거북이 바닷가에서 낳은 알에서 수로가 태어났다는 것이었다. 이러한 가락국신화는 난생담으로 전해오다가 가락국이 멸망하면서 전승력을 상실하였다가, 통일기 무렵 가야김씨세력의 성씨 취득을 계기로 가락국 왕력인『개황력』이 편찬되었던 것이다.

이렇게 볼 때 수로신화가 변형된 것은 가락국기에 전하는 수로신화의 형성주체가 수로집단이기보다는 정치적 목적으로 수로를 조상으로 숭배하게 되었던 후내 신라의 가야김씨 세력에 의해서였다. 가락국기형의 수로신화가 형성된 시기는 가락국기가 쓰여질 당시가 아니라 가야계 김씨가 김씨성을 획득하고, 정치세력화되었던 통일기 이후였던 것이다. 즉 수로신화가 최초로 문자로 정착된 것이『개황력』이었다.『개황력』은 김유신, 문명왕후의 존재와 관련하여 가야왕실의 존엄성을 높이기 위하여 편찬되었다. 그후 가야왕실의 후손들이 금관소경에 거주하였으므로 그들은 차츰 지방에 거주하는 귀족으로서의 정체성에 대한 인식을 높여나가 승점(乘岾)이나 망산도(望山島)와 같은 주변지명을 덧붙인 구체적인 신화로 완성했던 것이다.

2) 대가야건국신화

가락국의 수로신화와 함께 가야의 건국신화로 남아있는 것이 대가야의 정견모주신화이다. 두 신화의 관계를 혈연적인 종파관계(宗派關係)로 보거나, 가야제국의 연맹체적 결성을 설화적으로 구성한 것이라는 견해가 있다. 하지만 대가야 건국신화는 고령의 대가야가 후기가야연맹의 맹주로 대두하는 5세기 후반의 역사적 사실을 반영했을 가능성이 높다. 대가야신화 역시 후대의 현실적 필요성에 의해서 과장되고 미화되었을 것이다. 하지만 대가야신화는 수로신화와 달리 개국신화에 대하여 체계적으로 전하는 문헌이 없기 때문에 형성과정을 잘 알 수는 없다.

대가야신화가 기록으로 남다

대가야는 562년 신라에 의해 무력으로 멸망당했기 때문에 개국신화는 민간전승으로만 전해졌다. 대가야의 개국신화가 정리될 수 있었던 것은 정견모주(正見母主)의 '정견(正見)'이나 '월광태자(月光太子)'라는 불교적 인명으로 보아 불교적 윤색이 가능했던 시기일 가능성이 높다. 이 시기는 대가야가 신라와 결혼동맹을 맺은 522년 이후 562년 멸망하기 전까지의 기간과 석순응(釋順應)과 석리정(釋利貞)을 중심으로 해인사를 창건하던 9세기초로 볼 수 있다. 또한 경덕왕대

(742~765)의 지방제도 개편 및 지명 개정 때 『삼국사기』 지리지의 원전이 만들어지는데 이때 당시 민간전승으로만 남아있던 대가야의 개국신화가 이미 정리과정을 거친 가락국의 건국신화를 참조하여 윤색되었을 가능성도 있다.

하지만 신라의 중앙 정치무대에서 가락국 출신의 김유신계가 몰락하고 가야산에 해인사가 창건되는 시기인 혜공왕에서 애장왕대(765~808)까지의 시기가 주목된다. 신라를 통하여 불교가 수용되었을 가능성으로 볼 때 대가야 멸망 전에 건국신화가 정리되었을 가능성도 없지 않다. 하지만 '가야'라는 불교식 나라이름이 가야 당대에는 보이지 않으며, 해인사의 창건과 관련하여 가야산이라는 이름이 등장하므로, 대가야의 개국신화가 정형화된 것은 해인사의 창건과 관련되는 9세기초로 보는 것이 타당하다. 최치원 편찬의 석순응전과 석리정전은 최치원이 가야산해인사 화엄원에 은거했을 때 해인사를 개창한 두 승려를 위하여 엮은 것이므로 9세기 말엽에 문자화되었을 가능성이 높다. 대가야 신화가 해인사 창건의 두 주역인 석순응전과 석리정전에 실리고 있는 것은 두 승려의 출신지에 대한 관심이 깊어짐에 따라, 이 지역 최초의 정치집단인 대가야의 시조와 그 무대가 되는 가야산까지 언급하게 된 것이다.

가야 건국신화의 원형은?

가야의 건국신화는 수로신화와 정견모주신화의 두 가지 형태로 현전하고 있다. 무엇이 가야건국신화의 원본인지는 알 수 없다. 일반적으로 수로왕의 건국신화가 초기국가단계의 선민사상에 기반한 제1단계 개국신화이고, 형제관계의 설정을 통해 연맹왕국의 성립을 전하는 정견모주 건국신화는 제2단계 개국신화로 이해되기도 한다. 하지만 민간전승으로 전하는 2난생담의 정견모주 신화가 가야 전 지역의 시조신화였다는 견해도 있다.

가락국신화나 대가야신화는 신화의 구성요소가 천신과 지신의 결합이라는 동일한 구조를 가지고 있다. 이로 보아 이들 신화는 가락국의 전신인 구야국이나 대가야의 전신인 반파국(伴跛國)이 형성될 당시의 전승이 체계화된 것으로 이해해야 한다. 이러한 건국신화는 가락국과 대가야를 비롯한 가야 여러나라에도 존재했을 것이다. 하지만 신라에 의해 멸망당했기 때문에 전승되지 못하였고, 가락국이나 대가야처럼 문자로 정착될 기회를 얻지 못했기 때문에 현전하지 않는 것이다.

II장
가야의 여러 나라들

1. 해상왕국, 골포국(骨浦國)
2. 포상팔국 중의 하나, 칠포국(柒浦國)
3. 가야 최초의 나라, 가락국
4. 아름다운 이름, 아라(阿羅)가야
5. 가야와 신라의 접점, 비화(非火)가야
6. 중개무역의 중심지, 탁순국(卓淳國)
7. 구슬의 나라, 다라국(多羅國)
8. 철의 나라, 소가야(小伽耶)

Ⅱ. 가야의 여러 나라들

　한국의 역사에서 고대를 '삼국시대'라고 부르고 있다. 삼국시대라고 해서 고구려, 백제, 신라 3국만 있었던 것은 아니다. 삼국시대 전기에는 한반도의 북쪽과 중국의 만주지역에는 고구려, 부여, 옥저, 동예와 같은 나라가 있었고, 한강을 둘러싼 그 이남 지역에는 삼한이 있었다. 삼한은 마한과 진한, 변한인데, 마한은 백제로, 진한은 신라로, 변한은 가야로 발전했다. 변한은 가야의 전기에 해당하고, 중국의 역사서인 『삼국지』의 기록에 의하면 12개의 나라가 있었다. 4세기대 이후인 후기 가야에는 13개의 나라가 있었다. 이들 나라 외에도 가야지역에는 다양한 이름의 나라가 등장하고 있다.

　가야는 가야 주체의 역사서를 가지지 못한 탓인지 나라들에 대한 표기도 문헌에 따라 너무 다르다. 가야에 대한 기록은 『삼국사기』, 『삼국유사』, 『삼국지』, 『일본서기』 등이다.

여기에는 가야에 속하는 다양한 나라들이 기록되고 있다.

기원을 전후로한 시기부터 3세기까지의 가야지역에 있었던 나라들은 『삼국사기』와 『삼국지』에 보인다. 중국의 정사서인 『삼국지』에는 변한 12국이 있다. 변진미리미동국(弁辰彌離彌凍國)·변진접도국(弁辰接塗國)·변진고자미동국(弁辰古資彌凍國)·변진고순시국(弁辰古淳是國)·변진반로국(弁辰半盧國)·변낙노국(弁樂奴國)·변진미오야마국(弁辰彌烏邪馬國)·변진감로국(弁辰甘路國)·변진구야국(弁辰狗邪國)·변진주조마국(弁辰走漕馬國)·변진안야국(弁辰安邪國)·변진독로국(弁辰瀆盧國)이다.

『삼국사기』와 『삼국유사』에도 가야에 속하는 나라들이 등장한다. 포상팔국(浦上八國)이 그것인데, 8국 중에서 이름이 전하고 있는 것은 골포, 칠포, 고사포, 보라국, 고자국, 사물국 등이다.

89

4세기대부터 멸망되는 시기까지의 가야에 속한 나라들은 『삼국사기』와 『일본서기』에 나타난다. 『삼국사기』에는 우륵 12곡의 곡명중 10곡이 나라이름을 표현하고 있다. 하가라도(下加羅都), 상가라도(上加羅都), 달이(達已), 사물(思勿), 물혜(勿慧), 하기물(下奇物), 사자기(師子伎), 거열(居烈), 사팔혜(沙八兮), 이적흠(爾赤欠) 12. 상기물(上奇物)이다. 『일본서기』에는 13국이 전하고 있다. 가라국(加羅國)·안라국(安羅國)·사이기국(斯二岐國)·다라국(多羅國)·졸마국(卒麻國)·고차국(古嵯國)·자타국(子他國)·산반하국(散半下國)·걸찬국(乞湌國)·임례국(稔禮國)·남가라·탁순·탁기탄이다.

『삼국유사』에는 가야가 존재했던 시기의 국명은 아니었지만, 가락국 혹은 금관국을 비롯한 여러 국명이 전하고 있다. 大伽耶(대가야), 古寧伽耶(고령가야), 小伽耶(소가야), 非火伽耶(비화가야), 아라가야(阿羅伽耶), 星山伽耶(성산가야) 등이다.

흔히들 해당지역 사람들이 흔히 부르는 이름이 이것들이다. 함안사람들은 아라가야라 하고, 고령사람들은 대가야라 한다.
 이들 나라 중에서 가야사회의 발전과정을 이해하는데 도움을 주는 경남지역에 속하는 몇몇 나라를 살펴보기로 한다.

1. 해상왕국, 골포국(骨浦國)

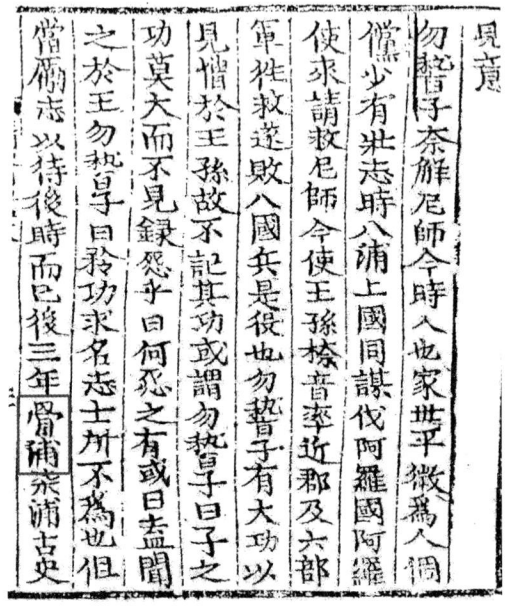

| 『삼국사기』 물계자전에 보이는 골포국 |

'골포국'은 "골짜기에 자리잡은 나라"라는 의미이다. 고대의 나라들은 그 형성시기에는 강과 바다가 가까운 골짜기를 배경으로 자리잡았다. 강과 바다는 물자교역을 위한 중요한 교통로였으며, 먹거리를 제공해 주었기 때문이다. 골짜기는 물을 확보할 수 있었으며, 방어에도 유리하였다.

골포국은 마산을 끼고 있었던 창원에 자리잡은 해상왕국(海上王國)이었다. 골포국은 『삼국유사』에 합포로 비정되고 있지만, 유적과 유물의 분포로 보아 고대사회의 창원지역에서 정치집단이 형성되었을 가능성이 있는 지역은 성산패총

일대의 창원분지 지역, 다호리를 중심으로 하는 창원 동읍 일대와 진동만 일대로 볼 수 있다. 따라서 합포는 마산만을 가르키므로 마산만을 끼고 있는 창원분지였을 가능성이 높다. 이 지역에는 청동기시대 이후부터 가야시기까지의 유적이 골고루 분포하고 있다. 가음정동유적(지석묘·청동기시대주거지·패총·고분군·수전지), 성산패총, 내동패총, 삼동동고분군, 외동패총 등이 조사되었다.

골포국은 해상왕국이었다

골포국은 마산만을 끼고 있는 바닷가에 자리잡은 나라였다. 이 당시의 대부분의 정치집단들은 중국이나 인근 지역과의 교역을 통하여 발전하고 있었다. 특히 위만조선의 멸망이후 만들어진 낙랑군은 중국 한나라의 한반도 진출을 위한 전진기지였으므로, 한나라는 낙랑을 통하여 한반도를 통제하고자 하였다. 낙랑은 중국의 선진문물을 바탕으로 각

| 창원 다호리1호분 출토 오수전 (경상북도, 1998) |

정치집단의 지배세력을 회유하고 포섭하였다. 경남지역에 자리잡은 정치집단들은 낙랑과의 교역이 활발하였다. 골포국 또한 자연지리적 조건으로 보아 교역을 통하여 성장 발전하였던 나라였다.

왕망의 지황연간(A.D 20~23년)에 염사치가 진한의 우거수가 되어 낙랑의 토지가 비옥하여 사람들의 생활이 풍요롭고 안락하다는 소식을 듣고 도망가서 항복하기로 하였다. 살던 부락을 나오다가 밭에서 참새를 쫓는 남자 한 명을 만났는데, 그 사람의 말은 한인(韓人)의 말이 아니었다. 그 남자는, "우리들은 한(漢)나라 사람으로 이름은 호래이다. 우리들 천오백 명은 목재를 벌채하다가 한(韓)의 습격을 받아 포로가 되어 모두 머리를 깎이우고 노예가 된 지 3년이나 되었다"고 하였다. 염사치가, "나는 한나라의 낙랑에 항복하려고 하는데 너도 가지 않겠는가?"하니, 호래는 '좋다'고 하였다. 그리하여 염사치는 호래를 데리고 출발하여 함자현으로 갔다. 함자현에서 낙랑군에 연락하자 낙랑군은 염사치를 통역으로 삼아 금중으로부터 큰 배를 타고 진한에 들어가서 호래 등을 맞이하여 데려갔다. 함께 항복한 무리 천 여명을 얻었는데, 다른 5백명은 벌써 죽은 뒤였다. 염사치가 이때 진한에게 따지기를 "너희는 5백명을 돌려보내라. 만약 그렇지 않으면 낙랑이 만명의 군사를 파견하여 배를 타고와서 너희를 공격할 것이다"라고 하니, 진한은 "5백명은 이미 죽었으니, 우리가 마땅히 그에 대한 보상을 치르겠다"하고는 진한인 만 오천 명과 변한포 만 오천 필을 내놓았다.(『삼국지』 위서동이전 한전에 인용되어 있는『위략』의 기록)

진변한의 여러 나라들이 낙랑과 교류하고 있었음을 보여준다. 진한의 우거수가 낙랑으로 망명하려 했다든지, 중국 한인(漢人)이 한(韓)의 포로가 되었다든지, 변한포를 낙랑에 보냈다는 것은 그 증거이다. 이외에도 "변한의 나라에서는 철이 생산되는데 한(漢)·예(濊)·왜인(倭人)들이 모두 와서 사간다", "왜와 가까운 지역이므로 남녀가 문신을 하기도 한다" 등의 기록은 중국과 왜와의 교류가 활발했음을 보여준다.

중국과 왜와 교류했던 골포국

골포국으로 추정되는 창원지역에도 중국, 왜와의 교류를 보여주는 유물이 조사되고 있다.

중국계 유물
· 창원삼동동유적: 유리제장신구, 방제경(중국후한초의 내행화문경을 조형으로 하는데 낙랑과 일본에서도 발견되니, 3세기전반으로 추정됨)
· 창원성산패총: 오수전(五銖錢)

왜계 유물
· 창원성산패총: 미생토기·土師器(2세기말~4세기)
· 창원도계동: 철사(鐵鉈)(2세기말)
· 창원 삼동동: 청동화살촉 2점

성산패총에서는 중국 한나라에서 주조하기 시작한 오수전

과 왜계의 토기들이 출토되었으며, 도계동에서는 왜계인 철로 된 창, 삼동동에서는 일본계인 청동화살촉이 조사되기도 하였다. 이로 보아 골포국은 남해안 교통로를 따라 중국의 군현이나 왜와 교역하고 있었던 것이다. 수입품은 주로 의책, 중국거울, 칠기, 유리제장신구 등과 같은 신분과 부를 상징하는 물건이었고, 수출품은 철, 포(布), 생구(生口) 등이었다. 성산패총에서 철을 제련하는 야철지가 조사되었으므로 창원지역이 고대로부터 철생산과 관련되었던 정치집단이었음을 알 수 있다. 후대의 사실이지만, 『신증동국여지승람』 창원도호부 토산조에 불모산에서 철이 생산된다는 기록으로 증명이 된다. 따라서 창원지역의 정치집단인 골포국은 철을 한군현이나 왜, 그리고 인근 삼한의 여러 나라에 수출하였던 것이다.

| 창원 삼동동고분에서 출토된 일본계의 동으로 만든 화살촉 (신라대학교 박물관, 2000) |

골포국이 주도했던 포상팔국전쟁

포상팔국은 삼한시기 변한지역에 자리잡고 있었으며, 바닷가와 접해 있었던 여덟 개의 나라였다. 확인이 가능한 나라는 다섯인데 지금의 위치로 비정이 가능한 것이 창원의 골포국을 비롯하여, 사천의 사물국, 고성의 고사포국, 칠원의 칠포국이다. 보라국이 보이지만 지금의 위치는 알 수 없다. 나머지는 분명하지 않지만, 유적이나 유물의 분포로 보아 창원의 웅천, 창원의 진동만일대, 삼천포, 거제 등지에

| 창원 봉림동에서 출토된 제철관련유적 (한국문물연구원, 2011) |

는 정치집단이 형성되었을 가능성이 높으므로, 이들 지역에 포상팔국에 해당하는 나라들이 존재했을 가능성도 있다.

포상팔국전쟁은 왜 일어났을까? 포상팔국전쟁에 대해서는 가야와 관계되는 어떤 사건보다도 비교적 상세하게 『삼국사기』, 『삼국유사』에 기록되어 있다. 포상팔국은 아라(지금의 함안)와 갈화성(지금의 울산)을 공략하였다. 농경지 확보를 위하여 내륙지역으로 진출할 필요가 있었기 때문이다. 함안지역은 남강변에 자리잡고 있어서 남강을 건너면 내륙지역인 의령, 진주, 고령, 산청, 합천, 거창 등지로 뻗어갈 수 있었다. 울산지역은 넓은 들을 가진 경주로 진출할 수 있는 관문이었다.

포상팔국은 바닷가에 자리잡고 있었기 때문에 바닷길을 따라 선진 문화를 받아들일 수 있는 좋은 조건을 갖추고 있었다. 하지만 이러한 자연환경은 바다로부터 침략해오는 외부세력에 항상 대비해야 하는 불리한 조건이기도 했다. 또한 선진문물의 수입만으로는 국가를 유지할 수는 없었다. 항상적인 생산력의 확보가 중요한 문제였다. 즉 농경이 가능한 땅이 필요했다. 농업은 천재지변이 없는 한 그 땅에 붙박아 생계를 유지하는 농민층을 확보할 수 있는 산업이다.

농민들이 생산한 농산물은 나라에 세금으로 바쳐지고, 그들의 노동력 또한 나라 발전의 기반시설이 되는 도로건설, 성곽축조 등에 활용될 수 있었고, 군사력이 될 수도 있었다. 이러한 조건이 나라를 안정적으로 발전시킬 수 있었고, 지배층도 그들의 지위를 계속적으로 유지할 수 있었다.

하지만 골포국을 비롯한 포상팔국은 전쟁에서 패배했다. 4세기 이후가 되면 가야의 여러나라들 중에서 급격하게 성장했던 함안 아라가야의 영역으로 편입되거나, 영향력 아래 놓이기도 하고, 또 다른 가야로 성장 발전하였다. 창원지역은 『일본서기』에 등장하는 가야의 탁순국으로 변화되었다.

갈대밭 속의 나라, 다호리의 고대국가

다호리유적이 있는 창원의 동읍일대도 정치집단이 존재했을 가능성이 높다. 청동기시대부터 많은 사람들이 모여 살았던 지역이다. 거대한 상석을 가진 지석묘들이 덕천리, 용잠리 등지에 즐비해 있다. 이러한 기반이 낙동강을 따라 이주해왔던 세력들과 결합하여 발전된 정치집단으로 성장했을 가능성이 높다.

| 창원 다호리1호분의 목관 (좌: 국립중앙박물관, 2009), (우: 국립청주박물관, 2000) |

다호리유적에서 조사된 중국화폐인 오수전이나 중국제 청동거울은 당시 북쪽에 존재했던 낙랑군 등 다른 나라와의 교류가 있었음을 보여주고 있으며, 다량의 철기유물, 그리고 그 원료인 철광석 등이 확인되고 있다. 다호리유적을 근거로 변한 12국중의 하나인 변진주조마국(弁辰走漕馬國)이 자리잡았을 가능성이 주장되기도 하지만 정확하지는 않다. 하지만 다호리 지역이 낙동강변에 자리잡고 있어, '주조마(走漕馬)'의 의미와 통하므로 그 가능성이 전혀 없는 것은 아니다.

다호리유적에서 조사된 다호리1호분은 수준높은 선진문물이 조사되고 있어 정치집단이 존재했을 가능성을 높여주고 있다. 기원전 1세기 후반으로 편년되는 다호리 1호분은 길이 240센티미터의 통나무형 목관이 안치되어 있다. 부장

| 창원 다호리 1호분에서 출토된 부채 | | 창원 다호리1호분에서 출토된 붓 |

| 창원 다호리 1호분에서 출토된 성운문경 (경상북도, 1998) |

품으로는 세형동검, 철검, 철제 고리자루손칼(鐵製環頭刀子), 청동투겁창, 쇠투겁창, 판상철부, 쇠따비, 성운문경(星雲文鏡), 청동띠고리(靑銅帶鉤), 오수전(五銖錢), 청동말종방울(銅鐸) 등의 금속기와 휴대용 화장품곽을 비롯하여 검집, 원형두(圓形豆), 방형두(方形豆), 원통형 칠기, 뚜껑, 각형(角形) 칠기, 붓, 부채 등의 칠기류, 유리구슬, 민무늬토기와 와질토기 편 등이 출토되었다.

유물 가운데에서 성운문경, 오수전, 띠고리, 청동말종방울, 유리구슬, 칠기 화장품곽 등의 중국 한식(漢式) 유물은 평양 정백동이나 경주 조양동 유적에서도 출토된 바 있어서, 이 시기에 한반도 남부지역과 낙랑과의 교섭이 활발했음을 보여준다. 또한 목관의 형태나 청동기, 철기 및 칠기의 모습은 중국이나 일본의 것과는 다른 독창적인 세형동검 문화의 전통을 보여주고 있다. 따라서 기원전 1세기 무렵 다호리지역에는 선진문화를 지닌 정치집단이 존재했을 가능성이 높다.

2. 포상팔국의 하나, 칠포국(柒浦國)

칠원, 칠서, 칠북으로 이루어진 칠원지역은 현재 함안군에 속해 있으며, 남쪽에서 북쪽으로 흘러 낙동강으로 유입되는 광려천을 끼고 있다. 변한시기 함안군 가야읍을 중심으로 자리잡고 있었던 안야국이 존재하던 시기에 칠원지역에는 포상팔국의 하나였던 칠포국이 있었다.

| 창원시 내서읍과 함안군 칠원면을 가로지르는 광려천 |

칠원지역의 고대국명은 칠포국이었다

 칠원지역의 고대국명은 칠포국으로 비정되고 있다. 고고학 자료를 통해서도 이른 시기부터 칠원지역에 정치집단이 존재했을 가능성을 보여주는 다양한 유적이 조사되었다. 특히 대규모 복합유적인 오곡리 유적은 당시의 정치집단 성장 정도를 잘 보여주고 있다. 청동기시대의 생활유적인 주거지와 분묘유적인 지석묘 뿐만 아니라 가야시대의 고분이 다양하게 분포하고 있다.

 포상팔국(浦上八國)으로 이르는 골포는 지금의 창원에 합쳐지며, 칠포는 지금의 칠원이며, 고사포라 이르는 것은 고성을 가리킨다(본래의 명칭은 고자포이다)나머지는 알 수 없다.(『강역고』, 변진별고)

 포상팔국은 지금의 창원·칠원·함안·고성의 지역이며, 본래 모두 가라에 속했는데 다같이 변진의 송속이다. 수로왕이 죽자 8국이 난을 일으키므로 거등왕이 신라에 구원을 청했다.(『강역고』, 변진별고)

 정약용이 쓴 『강역고』는 칠포국을 칠원으로 기록하고 있다. 하지만 포상팔국이란 명칭으로 보아 칠포국을 칠원으로 보는 것에 의문을 제기하기도 한다. 즉 칠원의 위치로 볼 때 '포상(浦上)' 즉 '바닷가'의 나라로 보기 어렵다는 것이다. 하지만 칠포국이 바다와 관련없는 지역은 아니었다. 바닷가에 위치해 있는 지금의 창원시 구산면에 해당하는 구산현은 칠

| 함안 칠원에 자리잡은 가마실유적 (창원대학교 박물관, 2011) |

원현에 소속된 현이었다. 칠원의 토산품도 칠원지역이 바다와 관련 있음을 보여준다. 『신증동국여지승람』에는 청어·대구어·조기·해삼·소금·홍어 등이, 『칠원읍지』에는 생청어, 대구어, 소금이 토산품이었다.

　칠원면 유원리에는 해수산 패총인 유원리패총이 있는데, 바다에서 생산되는 참굴, 대합, 피뿔고둥, 비틀이고둥 등이 조사되었다. 패총의 위치는 마산만과의 거리가 13.5㎞ 정도이다. 특히 소금이 특산물로 나타나고 있는 것은 바다와의 관계를 보여주는 증거이다. 또한 해창(海倉)에 대한 기

록도 있다. 『고려사』의 기록에 "고성칠포(固城柒浦)"에 왜적이 침입하였다는 것으로 보아 칠포는 고성과 가까운 지역이었을 가능성이 높다. 포상팔국기사에는 "골포·칠포·고사포의 3국이 갈화성(지금의 울산)을 침공"했다는 기록이 나온다. 골포는 지금의 창원분지이며, 고사포는 지금의 고성군이다. 따라서 칠포는 골포와 고사포의 사이에 있는 지역으로 볼 수도 있다. 따라서 칠포국이 바다와 관련이 없기 때문에 칠포국을 지금의 칠원지역으로 볼 수 없다는 주장은 맞지 않다.

칠포국의 권역

칠원지역은 창원시 내서읍의 광려산(720m), 대산(727m)에서 발원하여 칠북면 덕남리에서 낙동강으로 흘러드는 광려천이 칠원지역의 중심을 관통하고 있다. 광려천을 중심으로 남북으로 길고 동서로 좁은 들판이 펼쳐져 있는데, 광려천변에 다양한 유적이 분포하고 있는 것으로 보아 광려천을 끼고 있는 들판이 칠포국의 권역이었다.

자연지형으로 보면 북쪽으로는 낙동강을 경계로 창녕지역과 구분되며, 동쪽으로는 천주산(688m), 작대산(647m), 무릉산(568m) 등으로 창원지역과 경계를 이루고 있다. 서쪽으로는 함안분지와 접해있는데 화개산(456m), 자양산(401m), 안국산(343m), 용화산(193m) 등이 경계를 이루고 있다. 높은 산은 아니지만 칠포국이 존재했을 당시에는 함안분지의 정치집단과는 분리되었을 가능성을 보여준다. 남쪽으로는 광려천을 거슬러 올라가면서 마산의 내서읍과 연결되고 있다.

칠포국의 성장조건

칠포국의 성장할 수 있었던 조건은 무엇이었을까? 농업생산력과 교역이 발전의 원동력이었다.

읍의 경계가 뻗친 것은 30리에 불과하며 가로는 겨우 봉화대 둘을 설치할 만 하고 남쪽으로는 큰바다에 임해 있으며 북쪽으로는 긴 강을 끼고, 동쪽으로는 무릉에 접하며, 서쪽에 있는 큰 하천을 끼고 있어서 9리의 넓은 들을 윤택케하는 몽리(蒙利)로 밭을 찰지게 하며 가

| 함안 칠원에 자리잡은 가마실유적 |

품을 막을 수 있고 비옥한 들은 백성들의 생활을 넉넉하게 하니 이것이 바로 읍이 된 근본이다.(주맹헌, 『칠원지』, 1699)

이첨의 시에 "긴 강이 동쪽을 향해 줄줄 흐르는데 들은 넓고 산은 열려 하늘 끝까지로다. 배와 상앗대는 몇 해나 사람을 건너 주었는가. 풍진(風塵) 만리 길에 객은 루(樓)에 올랐도다…갈림길이 남쪽으로 큰 진(鎭)에 통했는데…"(『신증동국여지승람』 칠원현 산천조)

후대의 것이지만 칠원지역의 농업생산력을 유추해 볼 수 있는 기록이다. 칠원지역을 관통하고 있는 광려천(17.8km)은 유원천, 장암천, 회산천, 칠원천, 운곡천, 가연천, 검단천 등의 지류로 이어진다. 광려천과 지류 주변에 남북으로 길고 동서로 들판과 구릉이 형성되어있다. 광려천변의 들판이나 구릉의 곡간지대는 농경지였다.

교역도 칠포국 성장의 중요한 기반이었을 것이다. 변한의 나라들은 일찍부터 중국 군현이나 인근 나라와의 교역이 활발했다. 칠포국도 낙동강변에 위치해 있고, 마산만 가까이에 자리 잡고 있었으므로 교역이 중요한 성장기반이었을 것이다. 교역루트는 구산면 해안, 마산만, 진동만, 낙동강루트였을 가능성이 높다. 남쪽으로 내서와 접하고 있는데, 칠원지역과 접하고 있는 내서읍 호계리와 중리를 지나면 마산만으로 이어진다. 칠원지역의 북쪽은 낙동강과 접한다.

낙동강은 이른 시기부터 남해안을 통해 수입된 선진문물이 경남 내륙지대로 전파되는 교역로였다. 낙동강 가까이 위치한 창원 다호리유적을 통해서 알 수 있다. 다호리유적에서 발견되는 오수전, 성운경, 각종 칠기류 등은 낙동강을 통한 낙랑과의 교류를 엿볼 수 있다. 따라서 창원 다호리와 가까운 거리에 있는 칠포국 또한 낙동강을 통한 낙랑이나 왜와의 교역은 가능했다. 또한 칠원지역을 관통하는 광려천은 광려산까지 이어져 있으며 광려천변에 있는 감천마을을 지나 쌀재고개를 넘으면 구산면 해안과 진동만으로 이어진다. 최근 진동지역에서 대규모 지석묘군이 발견되었다. 이것은 진동지역에 청동기시대의 거대한 정치집단이 자리잡고 있었음을 보여준다. 비파형동검, 관옥, 식옥(飾玉) 등의 출토유물은 바다를 이용한 선진문화의 수용이 활발했던 근거이다. 이러한 선진문화가 칠원지역에도 영향을 끼쳤을 것이다.

| 함안 칠원 오곡리유적 전경 (경남문화재연구원, 2007) |

칠포국의 교역루트

하지만 칠포국의 해양을 통한 주요 대외교역루트는 구산면 해안이었을 가능성이 높다. 마산만은 창원분지에 자리잡았던 골포국의 교역루트였으며, 진동만은 포상팔국에 해당하는 나라가 존재했을 가능성이 높기 때문이다. 구산면은 바다로 돌출된 지역으로 해상교역에 유리한 지역이었다. 물론 구산면 지역이 칠포국이 있었던 칠원지역과 거리상으로 떨어져 있는 지역이지만 구산면이 고려말부터 19세기말까지 칠원에 속했던 것으로 보아 칠원지역과의 긴밀한 관계를 엿볼 수 있다.

구산현이 오랫동안 칠원현의 속현으로 있었다는 것은 이른 시기부터 칠원지역과 밀접한 관계를 맺고 있었음을 보여주는 근거이다. 구산현지역에도 청동기시대부터 사람들이 살았음을 보여주는 유적과 유물이 조사되고 있다. 청동기시대의 사회모습을 보여주는 반송리지석묘군이 존재하고 있으며, 옥계리신촌고분군과 구복리 돗섬고분군은 삼국시대의 분묘군이다. 따라서 칠원에 칠포국이 존재했던 시기부터 구산현이 칠포국의 해상교통로로서의 기능을 담당했을 가능성이 있다.

칠포국의 쇠퇴와 아라가야로의 편입

칠포국은 포상팔국이 벌였던 두 차례 전쟁에 모두 참여하고 있다. 아라가야를 공격했던 1차전쟁 뿐만 아니라 갈화성(지금의 울산) 공격에도 참여하고 있다. 갈화성 공격에는 골

| 함안 칠원 오곡리유적 (우리문화재연구원, 2008) |

포국, 고사포국과 함께 3국만 참여하고 있다. 이것으로 보아 칠포국은 1차전쟁의 패배에도 불구하고 전쟁에 참여하고 있으므로 포상팔국 중에서는 강력한 정치집단이었던 것으로 추정된다.

하지만 두 차례의 전쟁에서 칠포국을 비롯한 포상팔국은 승리를 거두지 못했다. 잇단 전쟁에서의 패배로 포상팔국은

존립기반을 상실하게 되었다. 따라서 칠포국도 새롭게 가야사회가 재편되는 과정에서 함안의 아라가야에 편입되었던 것을 추정된다. 특히 5세기대 아라가야의 전형적인 토기유형인 화염문투창고배가 칠원오곡리유적에서 11점이나 조사되고 있는 것은 이러한 사실을 말해준다.

하지만 다른 지역과의 교류는 여전히 이루어지고 있었다. 칠서면에 입지한 5세기 고분인 안기고분군에서는 창녕계 토기문화요소로 알려져 있는 굽모양 꼭지를 가진 뚜껑이 출토되고 있다. 이것은 칠원지역은 낙동강과 남해안 사이에 입지하였기 때문에 창원권, 함안분지권, 창녕권과의 교류가 활발했음을 보여주고 있다.

3. 가야 최초의 나라, 가락국

가락국의 역사는 가야사의 시작이다. 가야에 속한 나라 중에서는 가장 이른 시기에 만들어진 나라이며, 가장 강력했던 나라였다. 가락국의 건국신화인 수로와 허황옥의 이야기는 가야를 대표하는 신화이기도 하다. 그래서 김해에는 가야전문박물관인 국립김해박물관이 자리잡고 있어 가야사람들의 삶의 모습을 유적과 유물로, 그리고 이야기로 꾸며져 보존되고 있다.

가락국이 자리잡았던 김해지역은 가야와 관련된 문화유산이 즐비하다. 수로가 하늘로부터 내려왔던 구지봉, 그 옆에 허왕후릉이 있다. 해반천을 따라서 수로왕릉, 대성동고분군이 있고, 가락국의 무역선이 오갔던 봉황대 나루터도 있다.

| 『삼국유사』 가락국기 |

가락국을 부르는 명칭들

가야를 주체로 한 역사서가 없어서 인지는 모르지만, 가야를 가리키는 많은 이름들이 있다. 가야의 대표적인 나라였던 가락국도 마찬가지다. 구야국, 가야국, 임나국, 금관국, 금관가야 등이다.

　구야국(狗邪國)은 『삼국지』 한전에서 보이는 변진 12국 중의 하나로 나타난다. 왜인전(倭人傳)에서는 구야한국(狗邪韓國)이라 표기되어 있다. 이 이름은 현재까지 남아있는 가락국을 지칭하는 나라이름 중에서 가장 오래된 표기방법이다.

　가야국(加耶國)은 『삼국유사』 가락국기에 한 번 보이지만, 『삼국사기』에서는 빈번하게 사용된 국명이다. 그런데 『삼국사기』의 가야는 가락국만을 지칭한 것은 아니다. 이러한 이유는 가야의 모든 나라들이 신라에 복속되었기 때문에 신라의 입장에서 통일된 용어로 가야를 사용했을 가능성이 높다. 다만 가야에 속하는 나라인 아라(阿羅) 등이 표현되고 있기도 하다.

　임나(任那)는 우리 기록 속에서 3차례만 보이는데, 광개토왕비문의 '임나가라'(任那加羅), 진경대사탑비문의 '임나왕족(任那王族)'은 가락국을 지칭한다. 임나라는 이름은 주로 『일본서기』에서 주로 사용되고 있는데, 가락국 만을 지칭한 것이 아니라, 한의 남부지역을 지칭하는 경우, 가야제국을 통칭하여 부르는 예도 있으며, 가락국 혹은 대가야를 지칭하기도 하였다.

　수나라(須那羅)는 『일본서기』 흠명 23년(562) 정월조 등에 보이는 명칭으로 '쇠나라'로 읽히기도 한다. 가락국에서 생산되던 쇠(철)을 수입해 가던 일본열도의 사람들에게 익숙한 명칭이었을 지도 모른다. 철의 생산과 관련되는 가락국의 단면을 반영하고 있는 용례이다.

금관국(金官國)은 『삼국사기』 탈해니사금조의 '금관국해변(金官國海邊)'이나 파사이사금 23년(102) 8월조에 음즙벌국과 실직곡국의 분쟁조정에 나섰던 가락국왕 수로를 '금관국수로왕'이라 기록하고 있다. 『삼국사기』 법흥왕 19년(532)조 즉 가락국의 멸망기사에 '금관국주(金官國主)라 하였다. 김유신비문을 인용한 『삼국사기』의 김유신전에는 가락국이 처음에는 국호를 가야(加耶)라 하다가 금관국으로 고쳤다는 기록도 있다. 이렇게 볼 때 금관국이라는 용어는 가락국의 멸망기 혹은 멸망 후에 붙여진 명칭으로 볼 수도 있다.

금관가야(金官伽耶)는 김해의 가락국을 일반적으로 부르고 있는 명칭이다. 일반인들도 모두들 금관가야라 부르고 있다. 하지만 어느 역사서에도 확인되지 않는 용어이기도 하다. 『삼국유사』 5가야조에 인용되어 있는 본조사략에 의하면, "고려 태조 천복 5년(940) 경자에 오가야의 이름을 고쳤다. 첫째는 금관(金官)[김해부가 되었다]), 둘째…"라 하였다. 이로 볼 때 '금관가야'라는 말은 고려시대에 만들어진 국명이다.

가락국(駕洛國)은 『삼국유사』의 왕력에 나타난다. 그리고 『삼국유사』에서 인용되고 있는 「가락국기」를 통해서도 볼 수 있다. 「가락국기」는 『삼국사기』에 앞서 편찬되었던 것으로 가락국에 대한 사실을 전하는 한국의 문헌 중에서 가장 오래된 기록이다. 「가락국기」는 가락국을 중심으로 하여 편찬된 것으로서 수로왕이 나라의 이름을 '대가락(大駕洛)'이라 하였다고 분명히 밝히고 있다. 대가락은 가라의 나라들 중에서 가장 큰 세력이었다는 자존의식의 반영으로 사용된 국명이다. 가락국은 '가라의 나라'란 의미이며, 가라가 가야로 변한 것이므로, 김해의 가야국은 가락국이라 부르는 것이 타당하다.

가락국 이전의 구간사회(九干社會)

김해지방에는 신석기 시대 이후부터 사람들이 살아온 흔적이 있다. 청동기시대의 김해지역은 구간이 지배하는 사회였다.

개벽한 후로 이곳에 아직 나라의 이름이 없고 또한 군신의 칭호도 없더니 이때 아도간, 여도간, 피도간, 오도간, 유수간, 유천간, 신천간, 오천간, 신귀간 등의 구간이 있어, 이들이 추장이 되어 백성을 거느리니 그 수가 무릇 1백호(1만호의 잘못으로 추정된다) 7만5천인이었다. 그들의 생활은 산야에 도읍하여 우물을 파서 마시고 밭을 갈아 먹었다.(『삼국유사』 가락국기)

수로왕이 하늘로부터 내려오기 이전에 김해지역에서 살았던 사람들의 모습이다. 가락국이형성되기 이전에 구간이라는 수장들이 이끌고 있었던 9개의 집단이 있었다. 이것은 청동기시대 사회의 모습이며, 이러한 사회를 구간사회라고 부른다. 이들이 남긴 대표적 흔적이 고인돌이다. 김해의 여러 지역에는 고인돌이 널리 분포하고 있다. 구지봉에도 한석봉의 글씨라고 전해지기도 하는 '구지봉석(龜旨峯石)'이라 새겨진 고인돌이 자리 잡고 있다.

| 김해 구지봉 정상에 있는 구지봉고인돌 |

하늘에서 내려온 수로, 가락국을 세우다

「가락국기」에는 가락국의 건국이 기원후 42년이라 기록하고 있다. 수로가 하늘에서 구지봉으로 내려와 나라를 세운 것이다. 가락국의 성립은 『삼국지』에 보이는 변한 12국 중의 하나인 구야국을 가리킨다. 가락국을 성립시킨 수로집단이 왔다는 하늘은 어디였는지, 그리고 김해지역으로 도래한 시기는 언제였는지에 대해서는 알기 어렵다. 다만 경주 사로국의 성립을 "일찍이 조선유민(朝鮮遺民)이 산곡지간(山谷之間)에 거처하여 6촌을 이루었다."고 하는 것에서 추정이 가능하다. 조선유민은 기원전 108년 한나라에게 망한 위만조선의 유민을 가리킨다. 따라서 가락9촌을 통합했던 수로왕 역시 선진적인 위만조선의 철기문화를 가지고 바다를 통해 김해지역으로 이주했던 고조선 유민의 한 갈래였을 가능성이 높다. 가락국의 수로왕이 우수한 철기문화를 소유한 집단이었음은 석탈해의 침입을 막아냈던 것에서 알 수 있다.

허왕후 집단도 가락국의 성장에 커다란 기여를 했다. 그들이 김해지역으로 올 때 가져온 물건들이 '한나라의 사치스런 여러 가지 물건'이었으므로 중국과 교류하던 집단으로 볼 수 있다. 따라서 위만조선의 후예로서 서북한 지역에서 남하한 세력이었을 가능성이 있으며, 가락국의 왕비족이 되어 가락국 발전의 한축을 담당했다.

철의 나라, 가락국

나라에서 철이 생산되는데 한(韓)과 예(濊), 왜(倭)로 수출하였다. 여러 시장에서 사는 데 모두 철을 사용하여 중국에서 화폐를 쓰는 것과 같다. 또한 두 군[낙랑과 대방]에도 공급하였다.(『삼국지』한전)

가락국의 성장은 철생산과 밀접한 관련이 있다. 변한에서는 철이 생산되어 가깝게는 한과 예, 멀리는 낙랑군·대방군과 바다 건너의 왜국까지 수출되고 있었다. 그리고 철은

| 발굴된 김해 대성동 29호분 |

| 김해 대성동 29호분에서 출토된 철정
(위, 아래: 경성대학교 박물관, 2000) |

중국의 화폐와 같이 팔고 사는데 사용되기도 했다. 철이 매매의 수단으로 사용되었다는 것은 화폐와 같이 일정한 규격으로 생산되고 있음을 말해준다.

즉 가락국은 규격화된 철 생산시스템을 갖추었고, 생산물을 다른 나라에 수출하는 철의 왕국으로 성장하고 하고 있었다. 유적에서 철제품이 많이 조사되고 있는 것은 이러한 사실을 반증한다. 또한 『세종실록』 지리지에 조선전기까지 김해에서 상당한 양의 철을 공납하고 있었고, 김해시 생림면에는 생철리(生鐵里)라는 지명이 남아있는 것은 그 증거이기도 하다.

남해와 낙동강으로 소통했던, 가락국

김해는 남해안과 낙동강을 끼고 있다.

> 대방군에서 왜로 가는데 바닷길로 해안을 따라 여러 한국(韓國)을 거치면서 남쪽으로 가다가, 동쪽으로 가면, 북쪽 연안에 있는 구야한국(狗邪韓國)에 도착하는데 칠 천여 리이다. 여기에서 처음으로 바다를 건너 천 여 리에 대마국(對馬國)에 이른다.(『삼국지』 왜인전)

가락국은 변한시기부터 중요한 교통로였다. 따라서 중개무역이 중요한 성장기반이 되었다. 가락국 즉 구야한국은 낙랑·대방 등지에서 일본열도에 이르는 중간 기착지였다. 회현리패총에서 출토된 화천(貨泉)은 기원후 9년에 세운 중국 신(新)나라 왕망(王莽)이 주조한 화폐로서 불과 10년 정도 사용된 화폐이다. 이것이 서북한 지역과 일본의 큐슈북부에

| 김해 양동리 322호분에서 출토된 동정 | | 김해 양동리 5호분에서 출토된 청동냄비 |

| 김해 양동리 5호분에서 출토된 풍로형명기 |　| 양동리 박국사신경 |
(국립중앙박물관, 2001)

서 오사카지역까지 출토되고 있으므로 회현리패총의 화천은 해로를 통한 이들 지역과의 교역을 보여주는 물적 증거가 된다. 따라서 중국의 선진문물과 일본열도의 원자재가 가락국에서 교환되었고, 가락국으로 모여든 가야 여러나라의 생산품들도 중국의 군현, 왜와 교역되기도 했다. 허왕후 일행이 가락국으로 올 때 가지고 왔던 '한나라의 사치스런 물건'들도 이 교역로를 따라 김해지역으로 들어올 수 있었던 것이다.

해로를 통한 선진문물의 수입과 교역이 가락국 성장의 바

| 김해 대성동고분에서 출토된 통형동기 |

| 김해 대성동고분에서 출토된 파형동기 | | 김해 양동리고분에서 출토된 광형동모 |
(대성동고분박물관, 2005)

탕이었던 것은 김해지역에서 조사된 유물을 통해서도 알 수 있다. 대성동고분군과 양동고분군 등에서 보이는. 한식경(漢式鏡), 청동정(靑銅鼎) 등과 같은 중국계 문물, 광형동모(廣形銅矛), 방추차형석제품(紡錘車形石製品) 등과 같은 왜계유물이 그것이다.

교역의 흔적들

교역했던 항구가 조사되었다. 김해시내의 봉황대유적과

| 김해 봉황대 유적에 복원된 망루 |

| 김해 봉황대유적에서 조사된 나루터를 복원한 모습 |

장유면 율하리의 관동리유적이다. 봉황대는 김해시내를 남북으로 흐르고 있는 해반천변에 있는 야트막한 언덕이다. 2002년과 2003년의 발굴조사에서 항구와 관련된 유적들이 조사되었다. 경사면에 자갈을 깔아 배를 끌어 올릴 수 있는 시설, 해반천의 바닷물이 봉황대 쪽으로 넘어오지 못하게 해반천과 평행으로 쌓아올렸던 길다란 둑 모양의 호안시설, 창고형 건물터가 그것이다.

김해시 장유면 율하에서도 가야시대의 항구가 조사되었다. 남해고속도로와 율하천이 만나는 반룡산 왼쪽 끝자락에 위치한 관동리유적이 그것인데, 2005년에 조사되었다. 항구의 호안시설, 배를 정박할 수 있게 했던 선착장같은 잔교, 창고형 건물터, 항구의 배후도로까지 드러났다.

가락국의 쇠퇴

가락국이 쇠퇴하기 시작한 것은 해상교역을 통한 성장이 차단되었기 때문이다. 고구려 미천왕 14년(313)과 15년에 서북한지역에 존재하고 있었던 낙랑군과 대방군이 축출되면서 가락국으로의 선진문물 공급이 차단되었다. 이에 가락국은 한군현과 일본열도 사이의 중개무역이나 가야의 여러 나라들에 대한 선진문물의 재분배를 통한 부의 축적은 불가능하게 되었다. 철의 생산이나 제련기술 등도 김해지역만의 고유한 것이 되지 못했다. 철기사용이 보편화되면서 다른 가야지역도 철생산이 가능해지고, 제련기술도 확보하게 됨으로서 철의 왕국이라는 지위도 유지할 수 없게 되었다.

| 김해 관동리에서 조사된 배가 정박할 수 있는 시설인 선착장과 같은 잔교의 교각 모습 (삼강문화재연구원, 2009) |

가락국기의 표현대로 가야시기의 김해지역은 '여뀌 잎' 같이 좁은 곳이어서, 농업생산력의 확대를 통하여 부를 축적할 수 있는 자연적 환경도 아니었다.

10년(400)에 광개토왕이 보병과 기병 5만명을 보내 신라를 구원하게 하였다. 남거성(南居城)을 따라 신라성(新羅城)에 이르니 왜가 그 안에 가득하였다. 고구려군대가 오니 왜적은 물러났다. 그 뒤를 쫓아 임나가라(任那加羅) 종발성(從拔城)에 이르니 성이 곧 항복하였다.(「광개토왕비문」)

가락국이 쇠퇴하게 된 결정적 계기는 광개토왕에 의한 고구려군대의 가야지역 진출때문이었다. 400년의 남정은 왜의 공격을 받고 있던 신라를 구원하기 위하여 5만의 보병과 기병을 파견했고, 이 군대가 지금의 김해지역으로 추정되는 임나가라 종발성으로 침략해 들어왔다. 이러한 과정에서 가락국은 낙동강의 이동지역으로 진출한 신라와 대치하게 되었다. 또한 5세기대 가야의 성장을 보여주는 대형고분군이 존재하지 않는 것도 가락국의 쇠퇴를 보여주는 증거이다.

가락국은 400년을 계기로 대가야, 아라가야, 신라의 견제 속에서 최소한의 지배기반을 유지하다가, 가야지역으로 진출하려던 신라에 의해 532년에 병합되고 말았다. 가락국의 마지막 왕인 구형왕은 나라를 들어 스스로 투항했다. 이에 신라는 가락국왕에게 가락국의 영역을 식읍으로 주어 우대했다. 그리고 그의 가족들에게 신라의 왕족과 같은 진골의 신분을 하사하였다. 가락국의 신라정부로의 자진투항은 구형왕의 증손인 김유신이 멸망한 나라의 후손이었음에도 불구하고 신라 정부에서 최고의 지위에 오를 수 있었던 배경이 되기도 했다.

4. 아름다운 이름, 아라(阿羅)가야

아라가야는 변한시기에는 안야국(安邪國), 가야후기에는 안라국(安羅國)이라 하였다. 안야국시기에는 김해의 구야국과 함께 변한을 대표했던 강력한 정치집단이었다. 안라국은 가야 후기에 가야지역의 독자성을 지켜내기 위해 백제, 신라, 왜와의 외교를 주도했던 대표적인 나라였다.

| 함안 말이산고분군전경 |

함안지역의 고대국명

가야의 한 나라였던 아라가야 역시 그 국명은 기록에 따라 각양각색이다. 가장 잘 알려진 것은 『삼국유사』 5가야조에는 아라가야(阿羅伽耶)·아야가야(阿耶伽耶)이다. 『삼국사기』 지리지에는 아시량국(阿尸良國)·아나가야(阿那加耶), 『삼국사기』 열전에는 아라국(阿羅國), 『삼국지』에는 안야국(安邪國), 「광개토왕비문」과 『일본서기』에는 안라(安羅), 『양직공도』 백제국사전 도경조에는 전라(前羅)로 기록되어 있다. 지역명으로는 경주 남산신성비의 아량촌(阿良村)과 『일본서기』의 아라라성(阿羅羅城) 등이 있다.

이들 중에서 '가야'가 뒤에 붙은 이름은 가야가 존재했던 시기의 것이 아니라, 신라말 고려초에 생겨난 것으로 추정되고 있다. 가야가 존재했던 시기나 그 가까운 시기에 쓰여진 자료는 3세기대의 『삼국지』와 5세기전반의 「광개토왕비문」, 8세기초의 『일본서기』이다. 『양직공도』에 나오는 전라는 6세기 초의 상황을 기록한 것인데 당시 백제와 안라의 관계로 보

| 「광개토대왕비문」에서 보이는 '안라인수병' |

아서나, 전라는 '앞라'의 뜻을 빌린 것이므로 안라로 보는 것이 옳다.

따라서 가야가 존재했던 시기의 국명은 안야(安邪)와 안라(安羅)이다. 삼한시기의 안야국도 넓은 의미에서 가야사에 포함되므로 함안지역의 가야시기 고대국명은 안라국이라 불러도 좋을 것이다. 하지만 지금을 살아가고 있는 함안사람들의 대부분은 아라가야로 표현하고 있으므로 대중적 인지

도가 높은 아라가야라고 불러도 문제될 것은 없다. 아라가 야라는 이름이 당대의 기록은 아니지만 『삼국유사』의 5가야 조에 '아라가야'라 적혀 있기 때문이다.

아라가야는 '영원한 2인자'였던가?

가야를 시기구분하면 전기와 후기로 나눈다. 가야를 연맹체로 이해하는 사람들은 전기가야연맹의 맹주국을 김해 가락국, 후기가야는 고령의 대가야로 설정하고 있다. 이 때문에 아라가야는 맹주국은 아니었지만 강력한 세력으로 자리잡고 있었기 때문에 '2인자'라 표현하는지도 모르겠다. 그래서 아라가야를 가야연맹 전체를 아우르는 맹주국은 아니었지만 동서로 나뉠 때는 서쪽, 남북으로 나뉠 때는 남쪽의 중심세력으로 보기도 한다.

하지만 가야가 연맹체였는지는 장담할 수 없다. 전기에는 변한 12국과 포상팔국 등이, 후기에는 13국이 각자 독립적으로 존재하고 있었다. 정치적 혹은 경제적 이유로 동맹관계를 맺기도 하였지만 오랫동안 지속되지는 않았다. 혹은 가락국과 대가야가 건국신화를 가지고 있다는 것에 근거하여 전·후기 연맹체로 보기도 한다. 하지만 가락국과 대가야의 경우 전승되어 오던 신화의 내용이 이후에 기록으로 남을 수 있는 계기가 있었기 때문이다. 아라가야 등의 나라도 건국신화가 있었지만, 기록으로 남을 수 있는 계기가 없었다고 보는 것이 옳다.

아라가야는 2인자가 아니었다. 맹주국이라 불리는 가락국의 기록은 전기에만 집중되어 있고, 대가야는 후기에만 집중되어있다. 하지만 아라가야는 전기에는 변진안야국으로서 중국에도 알려진 유력한 정치집단이었음이『삼국지』에 기록되어 있고, 광개토왕의 남정(400년)과 관련된 기록을 남기고 있는「광개토왕비문」에도 안라라는 이름으로 존재하고 있으며,『일본서기』의 6세기대 기록인 계체기와 흠명기에는 안라국에 대한 기록이 수없이 많다. 따라서 아라가야는 가락국, 대가야와는 달리 아라가야의 존재를 알려주는 기록이 지속적으로 존재하고 있으므로 가야 전시기에 걸쳐 강력한 정치집단으로 존재하였다고 볼 수 있다.

유적이나 유물 또한 아라가야의 정치적 발전을 잘 보여주고 있다. 아라가야의 정치적 성장을 보여주는 대형고분군인 말이산고분군은 규모면에서도 고령의 지산동고분군에 못지않다.

| 창원 도계동에서 출토된 아라가야토기인 화염문 투창고배 (창원대학교 박물관, 2011) |

그럼에도 불구하고 아라가야에 대한 인식이 부족했던 이유는 가야를 연맹체로 이해했던 결과였다. 전기가야와 후기가야로 나누고 전기가야의 맹주국은 가락국, 후기가야의 맹주국은 대가야로 설정하는 맹주국 중심의 연구가 진행되었기 때

문이다. 또한 낙동강유역 개발과정에서 대가야지역인 고령과 김해지역에 대한 발굴성과가 많았기 때문이기도 했다.

하지만 1990년대 이후 아라가야에 대한 연구가 급진전됨에 따라 이러한 시각은 차츰 바뀌고 있다. 1990년대 이후 함안지역에 대한 발굴조사성과가 축적되었고, 『일본서기』의 기록인 계체기와 흠명기 기사를 어느 정도 신뢰하게 됨으로써 아라가야의 정치적 성장을 이해할 수 있게 되었다. 또한 가야를 연맹체로 이해하는 관점에서 벗어나 가야 각국의 개별적 발전과정에 대한 연구가 진행된 것도 그 이유가 되었다.

이러한 변화들 때문에 최근 아라가야는 가야사의 주변부가 아니라 중심적인 위치에 있었던 가야의 대표적 정치집단으로 이해되고 있다.

| 함안 말이산4호분 발굴모습 (국립김해박물관, 2007) |

아라가야의 발전과정

아라가야의 발전은 전체 가야사회의 발전과정과 같은 맥락에서 이해할 수 있다. 위만조선의 몰락으로 인한 유이민의 남하로 안야국이 형성되었다. 청동기시대의 지석묘와는 다른 목관묘과 등장하는 것이 기원전 1세기말이므로 이 시기에 안야국이 형성되었을 가능성이 높다. 안야국은 김해의 구야국과 함께 변한 12국 중에서도 유력한 나라였음이 『삼국지』에 보인다.

안야국이 급성장하게 되는 계기는 포상팔국전쟁이었다. 이 전쟁에서 아라가야는 포상팔국의 침입을 물리치고 인근 지역으로 영역을 확대할 수 있었다. 함안 칠원, 창원 진동 등의 지역이 아라가야의 권역에 포함되었고, 이를 바탕으로 남해안을 통한 인근 국가와의 교역로를 확보하게 되었다.

400년 광개토왕의 남정(南征)도 아라가야가 성장하는 중요한 기회였다. 기사에서 보여지는 『광개토왕비문』에 3차례 등장하는 '안라인수병(安羅人戍兵)'은 아라가야가 이 전쟁에 직접 참여하고 있음을 보여준다. 이 전쟁에서 김해지역이 고구려의 침략을 받게 되어 쇠퇴의 길을 걷게 되는 것과 달리 아라가야는 전쟁과정에서 오히려 고구려·신라와 연합함으로써 가야지역에서 진행된 위기를 극복하고 성장을 거듭해 나갈 수 있었다.

5세기대의 대형고분군인 말이산고분군의 조영이 이것을 대변하고 있으며, 함안의 전형적인 토기유형인 화염문투창토기의 분포범위를 통해서도 아라가야의 영역이 확대되고

| 함안마갑총고분에서 보이는 마갑의 모습 (국립창원문화재연구소, 2002) |

있음을 알 수 있다. 즉 칠원지역이나 의령의 남부지역과 창원 진동의 일부지역이 아라가야의 영역으로 흡수되었다. 이러한 영역의 확대는 아라가야의 정치적 발전을 가져오게 하였다. 아라가야의 최고지배자는 왕을 칭하였고, 왕의 아래에 다수의 차한기와 하한기가 존재했던 것으로 보아 지배층이 분화되었음을 알 수 있다. 지배층의 분화는 아라가야의 정치적 발전의 한 단면을 보여주는 것으로서, 아라가야가 가야의 나라들로부터 '형'이나 '부(父)'로 불리어지고 있었다.

| 함안 마갑총에서 출토된 환두대도 (함안박물관, 2004) |

국제회의를 개최했던, 아라가야

 6세기대의 아라가야는 백제와 신라의 가야지역 진출을 막아내는데 가장 중심적인 역할을 수행하였다. 백제가 하동지역으로 진출하려 하자, 아라가야 주도로 '고당(高堂)회의'를 개최하여 백제의 가야지역 진출을 저지하려 하였다. 또한 아라가야에 머무르고 있었던 왜의 사신들을 적극적으로 활용하기도 하였다. 그리고 아라가야는 가야의 나라들과 백제 성왕 주도의 사비회의에 참여하여 백제에게 가야의 독립보장과 신라의 가야지역 공격에 대한 방비책을 요구하는 등 가야의 독자성을 유지하기 위한 끊임없는 외교적 노력을 기울였다.

하지만 이러한 아라가야의 대백제·신라에 대한 외교정책은 백제와 신라의 끈질긴 가야지역에 대한 진출욕구 때문에 성공을 거둘 수 없었다. 이에 아라가야는 고구려와 몰래 통하여 고구려로 하여금 백제와의 전쟁을 벌이게 하였으나 예기치 않았던 신라의 지원으로 이 또한 실패로 끝나고 말았다.

더 이상 백제의 위협으로부터 벗어날 수 없게 된 아라가야는 백제의 군사적 요구를 받아들이지 않을 수 없었다. 즉 아

| 함안 충의공원 조성부지내유적에서 조사된 건물지의 모습 (동아세아문화재연구원, 2006) |

라가야는 백제의 신라와의 전쟁이었던 554년 관산성전투에 백제를 지원하였다. 이 전쟁에 아라가야를 비롯한 가야의 나라들은 전력을 다하였지만 신라에게 패배함으로서 가야는 커다란 타격을 입을 수밖에 없었다. 이에 따라 신라는 가야지역에 대한 병합에 나서게 되었고, 아라가야는 560년쯤 신라에 의해 멸망되고 말았다. 아라가야의 멸망은 가야 각국에 커다란 영향을 미쳤고, 2년 후인 562년 대가야를 비롯한 가야지역의 모든 나라들이 신라로 편입되게 되었다.

고대국가, 아라가야

흔히들 고구려를 비롯한 백제와 신라는 중앙집권적인 고대국가 단계에 이르렀다고 한다. 하지만 가야는 고대국가 이전단계인 연맹단계에 머물러 삼국처럼 고대국가로 성장하지 못했다는 것이 일반적인 견해이다. 따라서 한국의 고대사회를 삼국시대라고 부르고 있다. 하지만 가야의 나라 중에서 대가야와 아라가야의 경우 사회발전 정도가 고구려, 백제, 신라에 미치지는 못했지만, 고대국가로 성장하고 있었던 증거들이 있다.

| 함안 도항리에서 조사된 갑옷 |

> 이에 안라는 새로이 고당(高堂)을 짓고 칙사를 인도하여 올라가는
> 데, 국주는 뒤따라 계단을 올라갔고, 국내 대인으로서 미리 고당에
> 오른 사람은 한두 명이었으며, 백제사신 장군군 등은 뜰에 있음을
> 한스럽게 여겼다.(『일본서기』 제17권, 계체기 23년(529) 3월)

| 함안 말이산고분군에서 출토된 유자이기(마늘쇠) (함안박물관, 2004) |

아라가야의 사회발전정도를 보여주는 내용이다. 국주는 아라가야왕을 가리키는 것이며, 국내 대인은 국주 다음으로 언급되고 있는 것으로 보아 아라가야왕 다음가는 유력자였다. 대인이 국사와 관련된 중요회의에 참여하고 있는 것으로 보아 그들은 '국정참여집단', '의사결정집단'이었을 것이다. 따라서 대인은 아라가야왕권 체제에 복속된 지배집단이라 볼 수 있다.

이렇게 본다면 아라가야는 국왕을 중심으로 대인과 한기들의 합의체제로 국정을 운영하였고 이것을 아라가야 내의 귀족회의체로 볼 수 있다. 아라가야의 최고지배층이 '왕'의 칭호를 사용하였고, 지배계층의 분화 등으로 보아 고대국가 단계에 이르렀다고 볼 수 있다. 대가야의 경우 479년에 남제에 사신을 파견하여 '보국장군 본국왕'이라는 작호를 받고

있으므로 대가야의 경우도 마찬가지다.

고대국가로의 발전은 유력 정치집단이 전쟁 또는 교역을 통하여 주변부 정치집단을 복속시킴으로써 시작되었던 만큼 아라가야도 이러한 발전을 거듭하면서 정치적 발전을 해나갔다. 왕이 등장했으며, 왕이 초월적인 능력을 가지지는 못했지만 새롭게 복속된 수장층들을 관료로 만들었고, 이들이 국가의 중대사에 참여했던 것이다. 다만 아라가야와 대가야는 새로운 통치규범과 이념으로서의 율령이나 불교를 수용하지 못한 것이 삼국보다 미흡했던 점이다.

아라가야에 '안라일본부'가 있었다

'임나일본부'란 왜에서 가야에 파견된 사신이었다. '임나일본부'는 '임나(任那)'와 '일본(日本)'과 '부(府)'의 합성어이다. 임나는 가야지역을 이르는 말임에 틀림없다. '일본'이란 국호는 7세기 이후에나 확인되는 것으로 '임나일본부'가 있었다는 6세기 중엽에는 존재하지 않았다. '부'는 『일본서기』의 여러 필사본과 주석서를 보면 '일본부'는 '야마토의 미코토모치(倭의 御事持)'로 읽혀지고 있다. 즉 '부'는 원래의 '미코토모치'를 한자로 표기한 것에 불과하다. 미코토모치는 왕의 명령을 전달하기 위하여 지방에 파견되었다가 되돌아오는 '일회용 사신'이었다. 따라서 일본부는 '왜의 사신'이었으며, 따라서 임나일본부는 "임나 또는 가야에 파견된 왜의 사신"이었던 것이다.

『일본서기』 흠명기 15년(554) 12월조에 '재안라제왜신(在

| 함안 묘사리에서 발견된 아라가야의 토기요지 |

安羅諸倭臣)' 즉 "아라가야에 있었던 여러 왜신들"이라 표기하고 있다. 따라서 일본부는 아라가야에 있었던 왜의 사신이나 사신 집단임을 알 수 있다.

왜의 사신으로 활동했던 사람은 이쿠하노오미(的臣), 키비노오미(吉備臣), 카와치노아타히(河內直), 그리고 아현이나사(阿賢移那斯)와 좌로마도(佐魯麻都)였다. 하지만 아현이나사와 좌로마도는 『일본서기』에 가야사람으로 기록되어 있으므로, 앞의 세 사람이 왜의 사신으로서 일본부의 실체이다.

키비노오미는 임나일본부로서 임나 또는 가야에 파견되어진 왜의 사신이었으며, 카와치노아타히는 안라일본부로서 안라 즉 아라가야에 파견되어진 왜의 사신이었다. 이들은 주로 아라가야에 위치하고 있었다. 사신들의 역할은 가

| 함안 묘사리 토기요지 발굴모습 (경남문화재연구원, 2002) |

야지역을 통한 선진문물 교역이 주목적이었다. 하지만 신라에 의해 남가라, 탁기탄, 탁순이 몰락하자 아라가야의 독립을 유지하기 위한 노력에 동참할 수밖에 없었다. 아라가야 등의 가야가 신라에 의해 몰락한다면 왜는 가야라는 교역상대국을 잃게 되기 때문이다. 따라서 왜의 사신들은 당시 가야지역 외교활동의 중심부였던 아라가야에 위치해 있으면서 아라가야의 독자성을 유지하기 위한 외교활동에 참여하고 있었던 것이다.

5. 가야와 신라의 접점, 비화(非火)가야

| 창녕 교동고분군전경 (국립가야문화재연구소, 2010) |

    고대의 창녕지역은 가야에 속했다. 교동고분군, 송학동고분군, 계성고분군 등 가야의 무덤들이 즐비해 있기 때문이다. 하지만 신라의 문화가 빨리 영향을 미쳤던 곳이기도 하다. 무덤 속의 유물들이 그 증거이기도 하다. 이 때문에 창녕지역을 두고 신라인지 가야인지에 대한 논란이 불붙었고,

| 창녕 송현동고분군전경 (국립가야문화재연구소, 2010) |

아직도 창녕지역민들은 이를 두고 서로 다투고 있기도 하다. 하지만 창녕지역은 가야에 속했던 시기가 있었으며, 신라의 문화적 영향권 아래에 있기도 하였다. 따라서 고대의 창녕을 두고 가야인지, 신라인지를 두고 대립하는 것은 무의미하다.

창녕의 옛 이름

창녕을 부르는 다양한 나라이름과 지명이 있었다. 『삼국지』의 불사국(不斯國), 『삼국유사』의 비화가야(非火伽耶), 『삼국사기』의 비지국(比只國), 『일본서기』의 비자발국(比自㶱國)이 그것이다. 창녕지역의 지명으로 추정되는 것도 마찬가지다. 「진흥왕순수비」에는 비자벌(比子伐), 『삼국사기』에는 비자화(比自火) 혹은 비사벌(比斯伐), 『일본서기』에는 비지(費智)가 보인다.

국명이든 지명이든 그 표기는 다르지만 그 뜻은 다르지 않다. '비(比)', '불(不)', '비(非)' 등은 '빛(光)'이라는 우리말을 한자로 바꾼 것이다. 그리고 '화(火)', '벌(伐)'은 성(城), 촌(村), 읍(邑)을 뜻하는 신라의 명칭이다. 따라서 '비사벌(比斯伐)', '비자벌(比子伐)', '비화(非火)', '비자화(比自火)' 등의 표기는 '빛벌'이라는 우리말을 한자화한 것이다. '비화(非火)', '비자화(比自火)'의 '화(火)'는 훈을 빌어쓴 것이고, '사(斯)', '자(子)', '자(自)'는 특별한 의미라기 보다는 일종의 '사이시옷' 역할을 하는 글자이다.

종합해 보면, 삼한시기의 창녕지역은 변진한 24국 가운데 하나인 불사국이 비사벌국 혹은 비자화, 비화가야로 발전하였다. 창녕이 언제 신라에 편입되었는지 확실하지 않지만, 진흥왕 16년(555)에 비사벌에 완산주를 두었다고 하므로 신라의 편입이전에는 '비사벌'이라고 불리었을 가능성이 높다. 따라서 창녕지역의 고대국명은 불사국에서 비사벌국으로 변화된 것으로 볼 수 있다. 하지만 현재의 창녕사람들은 비화가야라 부르고 있으므로 그렇게 불러도 문제될 것은 없다.

교통의 중심지, 창녕

창녕지역은 오래전부터 사람들이 살기 적합한 자연지형을 가지고 있었다. 서쪽과 남쪽으로 낙동강이 창녕지역을 감싸고 있어, 낙동강 인근 지역은 농업에 유리한 지역이었다. 낙동강변에 자연적인 습지인 우포 등이 있어서 농업에 유리했다. 「진흥왕순수비문」에서 보이는 '전답(田畓)', '하천(河川)'은 창녕지역의 수전농업과 관련시켜 볼 수 있다.

또한 낙동강은 중요한 교통로여서 인근지역과의 문화적 교류를 가능하게 하였을 것이다. 그리고 낙동강을 따라서 남해안과 남강이 연결되므로, 인근 가야의 여러 나라들과, 일본, 중국을 비롯한 외국과의 문물교류가 편리했던 지역이기도 하다. 이러한 상황은 조선시대까지도 이어져 영산지역의 경우 일본과의 관계 때문에 군사적 거점이 되기도 하고, 일본의 침략에 대비하기 위해 읍성을 축조했으며, 일본인의 왕래도 잦았다.

2004년 공개된 송현동 7호분은 비화가야의 실력과 활발한 대외교류를 잘 보여준다. 5세기말 6세기초에 만들어진 무덤의 주인공은 배 모양의 목관에 누워있었다. 목관은 녹나무로 만들어진 것인데, 아열대산으로 우리나라에는 자라지 않는다. 일본에서는 '구스노키(樟)'라 부르는데, 벌레가 먹지 않아서 불상조각이나 장롱의 제작에 사용되는 귀중한 목재이다. 이 녹나무 목관으로 비화가야와 왜와의 교류를

| 창녕 송현동고분군에서 발굴된 녹나무로 만든 목관 (국립가야문화재연구소, 2010) |

읽을 수 있다.

고대문화의 흔적들

창녕지역에서 사람이 살기 시작한 것은 신석기시대부터였다. 부곡면 비봉리유적에서 신석기시대의 패총과 유물이 확인되었는데, 8천년 전의 나무배(木船), 망태기, 도토리저장공 등이다. 청동기시대 유적으로는 창녕지역에 널리 분포하고 있는 지석묘이다. 그 대표적인 것이 창녕군 장마면 유리 산 9번지에 위치하는 유리지석묘인데, 거대한 덮개돌(상석)이 남아 있다. 이 밖에도 영산면 신제리, 부곡면 부곡리, 청암리에서도 지석묘군이 발견되고, 마제석검이 출토되었다.

| 창녕 비봉리에서 발굴된 8천 년 전의 신석기시대 나무 배 (국립김해박물관, 2008) |

비화가야의 모습을 보여주는 문화유산도 풍부하다. 특히 고분이 많이 남아 있는데 교동고분군(사적 제80호), 송현동고분군(사적 제81호), 계성고분군(도기념물 제3호), 영산고분군(도기념물 168호) 등이 대표적이다. 특히, 규모나 출토유물로 보아 창녕의 중심고분으로 추정되는 교동고분군에서는 경

| 창녕 유리지석묘 |

주에서 출토되는 신라계 유물들이 많다. 방어시설인 산성도 많은데 가야의 고분군과 관련된 것으로 보이는 화왕산성(火旺山城 : 사적 제64호)과 목마산성(牧馬山城 : 사적 제65호)이 대표적이다.

다른 가야의 나라들과 비교되는 창녕 고유의 토기형태도 있다. 창녕식토기라고 불리는 독특한 형식의 고배가 존재하는 것은 비화가야가 독자적인 정치세력으로 존재하고 있음을 보여주는 증거이기도 하다.

고대의 창녕, 전략적 요충지였다

 창녕의 권역은 낙동강의 흐름에 따라 현풍에서 남지에 이르기까지 길게 이어지고, 그 대안은 안림천, 황강, 남강의 입구에 해당한다. 말하자면 대가야, 다라(합천), 아라가야와 같은 당시 가장 유력한 가야로 나아가는 낙동강지류의 대안에 창녕이 위치하고 있다. 낙동강 서쪽으로 진출하려고 줄기차게 노력해온 신라로서는 창녕을 정치군사적 입장에서 대단히 중요하게 여길 수밖에 없었다.

 창녕지역이 신라에 편입된 이후에도 창녕지역은 군사적 요충지였다. 신라는 왕경을 제외하고 새롭게 영역으로 편입된 영남권을 크게 상주(上州)와 하주(下州)의 둘로 나누어 관리하였다. 즉 창녕지역에 555년 하주를 설치하고 그곳을 주치로

| 목마산성에 본 창녕읍내의 모습 전경 (국립가야문화재연구소, 2010) |

삼아 군주가 거느리는 정(停)이라는 군단을 배치하였고, 비자벌정이라 하였다. 561년 창녕비의 건립도 마찬가지다. 진흥왕은 대가야로 진출하기 위해서 많은 관료들을 거느리고 창녕으로 왔고, 창녕순수비를 세웠다. 이듬해 대가야를 멸망시킨 것은 창녕지역의 군사적 성격을 잘 보여준다.

비화가야의 멸망

비화가야의 멸망은 신라 팽창의 결과였다. 창녕이 언제 어떻게 신라로 편입되었는지를 확인할 수 있는 문자기록은 없다. 따라서 다양한 견해가 제기되어왔다. 『일본서기』에 등장하는 비자발국이 5세기대 이후에는 보이지 않으므로 창녕지역의 신라편입을 4세기 후반으로 추정하기도 한다. 하지만 신라의 가야지역에 대한 본격적인 진출이 532년 가락국의 멸망이므로 그 이후의 어느 시기로 보아야 한다는 입장이 많다.

| 창녕지역에서 주로 출토되는 창녕식 고배 (창녕박물관, 2007) |

확실한 것은,『삼국사기』에, "진흥왕 16년(555) 정월에 비사벌에 완산주를 두었다."라고 하였고, 화왕군조에도 "주(州)를 설치하고 이름을 하주라고 하였다"고 하므로, 555년 이전에 신라에 편입되었던 것은 틀림없는 사실이다. 즉 529년 이사부가 공략했던 지역 중에 포함되었던 비지(費智)가 창녕지역이었으므로 이때까지는 비화가야가 독자성을 유지하고 있었다고 볼 수 있다.

신라 속의 창녕

신라에 복속된 이후의 창녕은 신라의 중요한 전략적 거점이 되었다. 대가야와 아라가야라는 대표적인 가야세력이 건재하고 있었기 때문이다. 즉 낙동강 이동으로 진출하는데 유리한 위치에 있었다. 555년 하주의 설치, 561년 진흥왕 순수비의 건립을 그러한 상황을 잘 말해준다. 또한 창녕지역 2인의 촌주(村主)에게 수여되었던 술간(述干)이라는 이라는 관등은 신라 외위(外位)는 11관등 중에서 두 번째로 높은 관등이었다. 최고 높은 관등인 악간은 그 용례가 없으므로, 신라의 창녕지역에 대한 중요성을 읽을 수 있는 대목이다.

창녕의 전 지역이 신라에 의해 복속되었음에도 불구하고, 지역적 독자성을 보여주는 '대간(大干)'이라는 토기명문이 등장하기도 한다. 대간은 신라 외위에 속하지 않는다. 다른 지역에도 그 용례가 없다. 그런데 계성고분군에서 출토되는 이유를 알 수는 없다. '간'이 지역의 독자적인 지배층의 범칭이므로 아직까지 계성지역은 신라의 지배가 완전히 관철되

| 창녕 계성고분군에서 출토되는 '大干'이라는 글자가 새겨진 토기 (창녕박물관, 2007) |

지 않았다는 견해도 있다. 계성지역이 지리적으로 개방적이고 요충지였기 때문에 독자적인 기반을 신라정부가 인정했을 것이라는 입장도 있다. 여하튼 계성지역은 전략적 요충지였기 때문에 신라가 우대하였을 가능성은 있다.

6. 중개무역의 중심지, 탁순국(卓淳國)

 탁순국은 창원에 자리잡고 있었던 후기가야의 한 나라였다. 후기 가야에는 13개의 나라가 있었는데 그중의 한 나라가 탁순국이다. 창원지역에 탁순국이 자리잡고 있었다는 근거는 유적을 통해서 알 수 있다. 창원시 가음정동, 반계동, 도계동, 봉곡동, 봉림동, 불모산동, 서상동 등지에 위치해 있는 가야의 고분군이 그것이다.

| 창원 도계동 고분군 전경 (창원대학교 박물관, 2011) |

백제와 왜를 중개했던 탁순국

 탁순은 우리 기록에서는 보이지 않는다. 기록에 처음 등장하는 것은 『일본서기』 신공왕후 46년(366) 봄 3월의 기록이다. 그 내용을 간추리면, 신공왕후가 사마숙녜(斯摩宿禰)를 탁순국에 파견하였다. 탁순왕 말금한기(末錦旱岐)는 사마숙녜에게 "364년에 백제 사람 구저(久氐) 등 3인이 탁순국으로 와서 일본으로 가는 길을 물었지만 바닷길이 멀어 풍랑이 험하므로 큰배를 타고 가야한다고 말하니 그들이 돌아갔다."고 말하였다. 이 말을 들은 사마숙녜는 그의 시중을 드는 이파이(爾波移), 탁순사람 과고(過古)를 백제국에 파견하였다는 내용이다.

 이 내용이 사실인지는 분명하지 않지만, 탁순국과 왜는 그 교류가 활발했으며, 그 때문에 백제와 왜의 교류를 주선했다는 것을 알 수는 있다. 탁순국왕 말금한기는 왜로 통하는 길을 묻는 백제사신에게 자문해 주고 왜국사신에게 백제사신의 말을 전해 주기도 했다. 그리고 탁순사람 과고를 보내 왜국사신의 시종을 백제로 인도해 주기도 했으며, 탁순국은 왜국 사신 일행이 귀국하는 지점이 되기도

| 창원 천선동 고분군에서 출토된 백제계토기 (창원대학교 박물관, 2011) |

했다. 또한 『일본서기』, 「신공기(神功紀)」 49년(369)에는 탁순국이 왜군의 집결지 역할을 하기도 했다.

즉 탁순은 왜와 통하는 중요한 교통로였다. 백제는 탁순을 통하여 왜와 교역하고자 했던 것이다. 백제가 탁순의 인도에 의해서 백제에 도착한 왜의 사신에게 오색 비단 각 한필과 철정(鐵鋌) 등을 하사하고 있고, 왜의 사신에게 "우리나라에는 진기한 보물이 많이 있다"라고 말하는 것으로 보아 백제는 선진문물을 바탕으로 왜와 우호적인 관계를 맺으려 하였거나, 왜와 교역하려고 했던 것을 알 수 있다. 탁순은 왜와 교류하고 있었고, 백제는 탁순을 통하여 왜와 교류하고자 하였는데, 이에 탁순이 백제와 왜의 교류를 중재하였다고 볼 수 있다.

탁순은 지금의 창원지역에 해당하므로 지금의 마산만이 왜와 백제와의 중요한 교통로였을 가능성이 높다.

탁순의 대외교류

탁순은 남해안과 낙동강을 끼고 있었으므로 교통의 요지였으므로 왜를 비롯한 인근 가야 나라들과 문화적 접촉이 많았다. 탁순의 서쪽으로 아라가야(함안), 동쪽으로 가락국(김해)가 자리잡고 있었다. 북쪽으로는 대가야(고령)가 세력을 뻗치고 있었다.

아라가야와의 교류를 보여주는 것은 창원시 도계동 2호 무덤에서 조사된 화염문투창고배가 3점이다. 이것은 5세기 전반 함안지역의 독자적 형식의 토기이다. 일본의 긴끼지방

| 창원 반계동유적에서 출토된 단야구들 (창원대학교 박물관, 2011) |

에도 이러한 토기가 출토되고 있는데, 탁순과 왜와의 관계가 활발했으므로 탁순을 통해 전파되었을 가능성을 엿볼 수도 있다.

김해지역과의 교류를 보여주고 있는 것은 창원 도계동 출토의 화살통인데, 동래 복천동 22호분 출토의 금동제화살통의 각종 꾸미게 종류와 매우 비슷하다. 이러한 무구류의 발전은 400년 광개토왕의 가야지역 진출 이후 북방의 문화가 이 지역에 전파되었음을 의미한다. 5세기후반에는 대가야와의 교류를 보여주는 대가야 양식의 2단직렬투창고배가 도계동 4호 및 19호 무덤에서 출현하고 있다. 낙동강을 통하여 고령지역과 교류했던 사실을 보여준다. 왜와의 교류를 보여주는 증거로는 창원시 도계동 고분군에서 출토된 5세기 전반경으로 추정되는 하지끼계통의 적갈색토기이다. 그리고 4~5세기대로 추정되는 창원 가음정동 패총유적에서 조사된 오키나와산 조개는 왜뿐만 아니라 멀리 떨어진 오키나

| 창원에서 출토된 다양한 토기의 모습 (창원대학교 박물관, 2011) |

와 지역과도 교류하고 있었던 증거가 되고 있다. 이러한 사실은 탁순국의 해상활동이 지금 우리의 상상력을 벗어난 높은 수준이었음을 보여주는 것이라 하겠다.

탁순의 정치적 성장

탁순은 신라에 멸망당하는 6세기 전반까지 독자성을 유지하고 있었다. 백제가 섬진강 하류인 하동까지 진출하고, 신라가 김해지역 등의 가야남부지역으로 진출하는 과정에서도 독립적으로 존재하고 있었다. 탁순은 대가야가 신라와 맺었던 결혼동맹을 파기하는데 직접적인 역할을 담당하기도 했다. 이것은 신라가 대가야와 동맹을 맺은 틈을 이용해 가야의 남부지역인 김해지역으로 진출하게 되면, 김해지역과 가까운 창원의 탁순국에게는 커다란 위협이 되기 때문이다.

이러한 이유로 탁순국은 신라의 위협으로부터 벗어나기 위하여 아라가야와 결탁하였다. 아라가야는 백제가 하동지역으로 진출함으로써 백제의 가야지역 진출을 차단할 필요가 있었고, 이에 왜를 참여시켜 국제회의인 고당회의를 개최하였다. 여기에 탁순국도 동조하였다. 하지만 고당회의는 신라가 적극적으로 참여하지 않음으로써 실패하고 말았다. 이에 탁순국왕은 왜에 구원을 요청하기도 하였다. 하지만 신라의 가야지역진출을 저지하지는 못했다. 신라는 가야지역으로의 영역 확대를 계속했고, 탁순도 신라의 영역에 편입될 수밖에 없었다.

탁순의 멸망

탁순이 몰락한 이유는 탁순지역이 가지고 있었던 입지 조건때문이었다. 아라가야의 입장에서는 탁순국이 유지되어야 신라의 위협을 막을 수 있었다. 왜는 종래부터 선진문물을 수입할 수 있는 중요한 루트가 탁순국이었으므로 신라에 의해 멸망할 경우 교역로상실이 우려되었다. 신라의 입장에서는 탁순국이 아라가야와 서부경남지역으로 진출하는 중요한 거점으로 인식되었고, 백제의 입장에서는 남가라 등이 멸망한 이후에 신라의 서쪽으로의 진출을 막을 수 있는 중요한 거점으로 인식되고 있었다.

따라서 탁순국은 독자성을 유지하기 위하여 친(親)아라가야, 반(反)대가야라는 대외관계를 유지하며, 왜를 끌어들여 신라의 진출을 막고자 하였다. 하지만 탁순국의 의도는 성공하지 못했고, 신라에 편입되었다. 탁순국의 정확한 멸망시기는 알 수 없다.

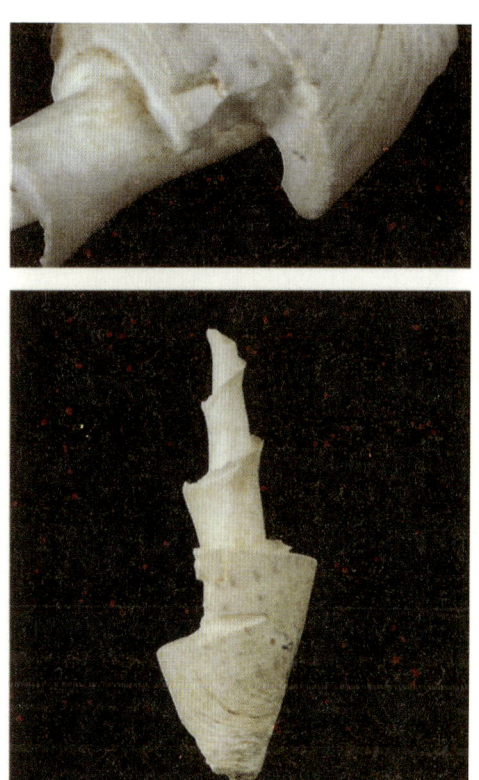

| 창원 가음정동에서 출토된 일본 오키나와산 이모가이조개 |

성왕이 말하기를, "옛적에 우리 선조 근초고왕, 근구수왕이 다스릴 때에 안라, 가라, 탁순한기 등이 처음으로 사신을 보내고 서로 통하여하여 친밀하게 친교를 맺었다…남가라는 작고 협소하여 갑자기 준비하지 못하고 의탁할 곳을 몰랐기 때문에 망했소. 탁순은 위 아래가 서로 다른 마음을 품고 있어서 그 왕이 스스로 종속되기를 원하여 신라에 내응하였기 때문에 망했소.(『일본서기』흠명 2년(541))

이것으로 보아 탁순은 최소한 541년이전에 멸망했다고 추정된다. 다만 신라의 가야지역 진출루트를 볼 때 김해지역 다음으로 탁순지역이었음을 예상해본다면 김해의 남가라가 532년에 몰락했으므로 532년이후, 541년 이전에 몰락했을 가능성이 높다.

 몰락이유는 위와 아래가 서로 다른 마음을 품고 있어서, 그 왕이 스스로 신라에 항복했다는 것으로 보아 내부세력의 분열로 신라에 적극적으로 대응하지 못하고 신라에 자진투항한 것이라 추정된다. 탁순국 내부에서 친신라와 반신라파들이 대립하고 있었던 것이다.

 탁순이 신라에 자진투항함으로써 탁순도 자진 투항한 김해지역처럼 다른 지역에 비해 우월한 대우를 받았을 것으로 추정된다. 신라는 탁순국을 복속시켜 굴자군(屈自郡)으로 삼았으며, 경덕왕이 의안군(義安郡)으로 이름을 고쳤다. 영현(領縣)은 칠제현(漆隄縣: 함안군 칠원면), 합포현(合浦縣: 마산시), 웅신현(熊神縣: 진해시 성내동)의 셋이다. 이는 멸망 시기 탁순국의 영역 범위가 매우 넓었음을 보여준다. 혹은 탁순국이 신라에 자진 투항하였으므로 신라가 군현을 편제할 때, 탁순국 당시보다 넓은 영역을 신라로부터 배정받았을 가능성도 없지 않다.

7. 구슬의 나라, 다라국(多羅國)

| 합천 옥전고분군전경 (합천박물관, 2005) |

경남 합천군 쌍책면 성산리에 옥전(玉田)이라 불리는 언덕이 있다. 말그대로 '구슬 밭'이다. 실제 옥전고분군의 많은 유구에서 많은 구슬들이 출토되었다. 비취, 마노, 호박, 유리, 곡옥, 환옥, 관옥 등 그 종류도 다양했다. 직접 구슬을 만든 흔적도 보인다.

1984년 시작된 합천댐 수몰예정지 지표조사 과정에서 옥전고분군이 발견되었다. 경상대학교 박물관에 의해 1985년부터 1994년에 걸쳐 다섯 차례의 발굴과 한 번의 시굴조사가 진행되었다. 그 조사결과가 1권의 발굴조사 개보와 10권의 보고서로 2003년까지 간행되었다. 이 고분은 발굴된 유물로 볼 때 4세기대 이후부터 6세기에 걸쳐 조성되었다.

옥전고분군의 발굴로 인해 가야 후기 13국 중의 하나인 다라국이라는 사실이 밝혀졌다. 다만 변한시기의 정치집단이 합천에 있었는지는 알 수 없다.

기록 속의 다라국

기록을 통해 본 다라국은 중국에도 널리 알려진 정치집단이었으며, 후기가야의 여러나라들과 함께 가야의 독자성을 유지하기 위해 애썼던 나라였다는 사실을 알 수 있다.

| 합천 옥전고분에서 출토된 봉황문환두대도 (합천박물관, 2005) |

주위에 소국은 반파(半波), 탁(卓), 다라(多羅), 전라(前羅), 사라(斯羅), 지미(止迷), 마련(麻連), 상기문(上己文), 하침라(下枕羅) 등이 있는데 백제를 따른다.(『양직공도(梁職貢圖)』백제국사전(百濟國使傳)

탁순국에 모여 신라를 쳐서 격파하였다. 그리고 비자발(比自㶱), 남가라(南加羅), 탁국(㖨國), 안라(安羅), 다라(多羅), 탁순(卓淳), 가라(加羅)의 7국을 평정하였다.(『일본서기』신공기 49년(369))

"안라차한기(安羅次旱岐) 이탄해(夷呑奚)·대불손(大不孫)·구취유리(久取柔利), 가라상수위(加羅上首位) 고전해(古殿奚), 졸마한기(卒麻旱岐), 산반해한기아(散半奚旱岐兒), 다라하한기(多羅下旱岐) 이타(夷他), 사이기한기아(斯二岐旱岐兒), 자타한기(子他旱岐) 등과 임나일본부 길비신(吉備臣)이 백제에 가서 모두 조서를 전해 들었다. (『일본서기』흠명기 2년(541))

"일본 길비신, 안라하한기(安羅下旱岐) 대불손·구취유리, 가라상수위 고전해, 졸마군(卒麻君), 사이기군(斯二岐君), 산반해군아(散半奚君兒), 다라이수위(多羅二首位) 흘건지(訖乾智), 자타한기, 구차한기(久嗟旱岐)가 거듭하여 백제에 갔다."(『일본서기』흠명기 5년(544))

"23년(562) 정월에 신라가 가야제국을 쳐서 멸망시켰다.[다른 책에는 21년에 임나가 멸망하였다 하고 총칭하여 임나라 하며 별도로는 가라국·안라국·사이기국·다라국·졸마국·고차국·자타

국·산반하국·걸찬국·임례국을 합하여 10국이다.]"(『일본서기』 흠명기 23년(562))

다라국은 6세기 전반인 중국 양나라 무제 때의 『양직공도』에는 대가야(반파), 신라(사라) 등과 함께 백제의 인근에 있었던 나라로 기록되고 있다. 가야에서의 다라국의 대외적 역할을 볼 수 있는 것은 백제 성왕의 주도로 개최되었던 '사비회의'이다. 가락국, 탁순, 탁기탄이 신라에 의해 멸망하자 백제 성왕은 이에 대책을 강구하기 위해 가야 각국들을 불러 모았다. 이 회의에 참가한 사람들은 대부분 가야 각국의 지배자였다. 군(君)이나 한기(旱岐)는 그 나라 지배자를 일컫는 것이고, 군아(君兒)는 지배자의 아들이다. 다만 가야의 강국이었던 대가야(가라)와 아라가야(안라)는 신분이 왕 보다 낮은 신분의 사람들을 보냈다. 상수위, 하한기, 차한기 등이 그것이다. 그런데 다라국의 경우에도 왕이 아닌 하한기나 이수위를 파견하고 있다. 이것은 다라국이 최고지배자가 아닌 사람이 신분이 높은 가야 여러나라의 사신과 동등하게 외교활동에 참여하고 있는 것을 보여준다. 이를 통하여 가야내에서의 다라국의 위상이 높았음을 엿볼 수 있다.

옥전고분군을 통해본 다라국의 위상

5세기 말 6세기 초는 다라국이 강력한 나라로 성장하는 시기였다. 그것은 다라국 왕릉을 대표하는 M3호분의 발굴을 통해서 알 수 있었다. 이 무덤은 주곽과 부곽을 갖춘 고

총고분으로서, 껴묻거리의 양과 질이 옥전고분군 내에서 뿐만 아니라 가야 고분을 대표할 수 있는 것이었다. 무덤의 주인이 묻힌 주곽에는 금속유물이, 주곽에 딸린 부곽에는 토기들과 사슴 두 마리가 부장되어 있었다. 그리고 관받침으로 이용된 121매의 주조철부(鑄造鐵斧)와 금동장(金銅)장식의 투구, 두 벌의 말투구, 금 혹은 은으로 장식된 마구 등 많은 유물이 있었다. 특히 왕의 위상을 보여주는 것이 가야고분에서는 거의 발견되지 않았던 용봉문환두대도(龍鳳文環頭大刀)이다. 그것도 한 자루도 아닌 네 자루나 부장되어 있었다. 이것은 고분의 주인공이 얼마나 강력한 권력을 지니고 있었는지를 잘 말해 주고 있다. 가장 전성기의 왕이 바로 이 무덤의 주인이었던 것이다.

다라국이 이처럼 성장할 수 있었던 것은 교통의 요지에 자리잡고 있었던 지리적 조건때문이었다. 옥전은 대가야가 위치했던 고령과 이어지는 협곡에 자리잡고 있어 농업생산력이 풍족한 지역은 아니었다. 그러나 황강 하류가 굽이쳐 낙동강으로 나아가는 물길의 요지에 있었으므로, 백제와 신라, 창녕의 비화가야와 함안의 아라가야와 활발한 교류를 통하여 성장이 가능했다. 또한 군사적 요충지이기도 했다. 황강을 사이에 두고 함안의 아라가야와 마주하고 있으며, 동쪽으로는 낙동강을 사이에 두고 창녕 비화가야와 마주하고 있었기 때문이다.

옥전에서 보이는 대외교류의 흔적

옥전에서 발굴된 119기의 고분에서는 무려 3천 여 점의 유물들이 쏟아져 나왔다. 그 중에는 활발했던 다라국의 대외교류를 보여주는 많은 유물이 있다.

| 합천 옥전고분에서 출토된 로만글래스 (합천박물관, 2005) |

M1호분에서 조사된 로만글래스(Roman glass)는 경주지역을 제외한 우리나라 어디에서도 발견된 적이 없는 유물이다. 이 로만글래스는 경주 금령총에서 꼭 같은 것이 출토되었고, 경주지역의 서봉총, 천마총, 황남대총 등 신라 고분에서만 19점이 조사되었다. 로만글래스의 원류는 지중해 지역이나 라인강 유역이며, 중앙아시아를 가로질러 극동지역으로 파급된 것으로 파악되고 있다. 이것이 발견된 우리나라와 가장 가까운 지역은 중국 하북성이다. 따라서 이러한 루트를 따라 로마글래스가 전파되었을 가능성이 높다.

하지만 옥전의 그것은 신라와의 교역에 따른 결과로 볼 수 있다. 경주지역 많이 출토되었고, 신라와의 교류는 가능했기 때문이다. 물론 창녕과 가까운 지역이므로 신라의 문화적 요소가 많이 나타나고 있는 창녕을 통해 옥전으로 들어왔을 것으로 추정해 볼 수도 있다. 이외에 신라와의 관계를 엿볼 수 있는 것이 M6호분에서 출토된 출자형(出字形) 금동보관(金銅寶冠)이다. 이것은 경주에서 제작되어 배포된 것, 혹은 경주지역의 보관을 모방하여 옥전에서 만든 것이라는 견해가 있지만, 제작지와 상관없이 신라의 경주나 신라영역권의 최고지배자층에 해당하는 사람들이 착용한 위세품이었기 때문에 신라의 영향을 엿볼 수 있다.

고구려계 유물로는 기승용(騎乘用) 갑주(甲胄)와 마구(馬具)들이다. 광개토왕 남정이 있었던 400년 이후 고구려의 무구류들이 가야지역에 전파되었고, 합천지역도 예외는 아니었다. 백제의 영향을 볼 수 있는 것은 백제계 묘제인 횡혈식 석실묘이다. M11호분 1기밖에 없다. 그 출토 유물인 금장(金裝) 관정(棺釘), 나무널에 붙이는 연화문장식, 귀고리 등의 제작기법은 백제고분 출토 유물과 유사하다. 공주의 백제고분같은 석실에서 금귀걸이, 금동장식의 신발, 연꽃모양 목관상식 등 백제계통의 문물이 보인다. 용봉문환두대도 또한 백제의 영향으로 추정되기도 한다. 용봉문환두대도의 원류는 백제 또는 중국 남조일 가능성이 높다고 한다. 따라서 그 원류가 중국의 남조라 하더라도 백제는 남조와의 교류가 활발했기 때문에 옥전고분군의 환두대도는 백제를 통해 전파되었다고 볼 수 있다. 이러한 환두대도는 일본으로 전파되기도 하였다.

가야에 속한 비화가야, 아라가야, 대가야 등과 교류했다. 특히 대가야식의 유물은 토기 등 다양하다.

화려한 장신구와 유물들

 장신구는 화려했다. 귀고리와 목걸이, 팔찌, 가락지 등이다. 귀고리는 40쌍이 발견되었는데 어느 가야고분보다 그 양이 많으며, 화려한 장식과 정교한 세공기술은 당대의 백제나 신라의 귀고리와 비견될 정도이다.

 목걸이는 유적의 이름인 옥전에 걸맞게 수많은 구슬로 만들어졌다. 유리제 외에 호박, 마노를 비롯하여 최상급의 비취곡옥 등으로 구성되어 있으며, M2호분에서는 한꺼번에 2000여 개가 넘는 구슬이 발견되기도 했다. 28호분에서는 구슬을 다듬는데 사용한 사암제의 옥을 갈던 숫돌이 발견되어 이 지역에서 직접 구슬을 제작했다는 것이 증명되었다.

| 합천 옥전고분에서 출토된 목걸이, 옥, 구슬 (합천박물관, 2005) |

23호분에서 발견된 관모(冠帽)는 일반적인 내관(內冠)의 모습과 거의 같지만 맨 윗부분에 금동봉이 세워져 있는 점은 지금까지 그 유래를 찾을 수 없는 희귀한 양식이다.

용이나 봉황문양으로 장식한 환두대도는 장식의장의 화려함과 독특함 때문에 주목받았다. 특히 M3호분에서는 용봉문양 2점, 봉황문양 1점, 용문장식 1점 등 4자루나 발견되었고, 35호분에서는 다소 소박한 상감 장식의 환두대도가 출토되기도 했다.

M3호분에서 조사된 금동장식투구는 각부에 금도금을 하여 화려한 장식성을 잘 보여준다.

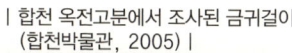
| 합천 옥전고분에서 조사된 금귀걸이 (합천박물관, 2005) |

다양한 철제품도 조사되었는데 철기를 직접 생산하였던 증거물인 망치와 집게 등의 단야구와 숫돌이 출토되기도 하였다.

철제품도 다량 출토되었다. 철기생산을 보여주는 노(爐)나 철찌거기(鐵滓) 등은 조사되지 않았지만, 단야구와 더불어 주조철부, 덩이쇠 등과 같은 많은 철기들이 조사되었다. M3호분에서는 121매의 주조철부와 단조철부 15매, 덩이쇠 28점, 철낫 10점이 출토되었다.

농업과 관련된 유물은 많지 않았다. 이것은 다라국이 농업 생산력에 의존하기 보다는 황강을 이용하여 그들이 제작한 철제품이나 각종 구슬을 가지고, 다른 지역과 교역함으로써 경제력을 축적하여 정치적으로 성장했을 가능성을 보여준다.

다라국의 멸망

다라국도 신라의 가야정복과정에서 예외일 수는 없었다. 554년의 관산성전투에서 가야가 전력을 기울여 지원했던 백제가 신라에게 패배한 것이 다라국 멸망의 계기였다. 이후 아라가야, 대가야가 신라의 수중으로 들어갔고, 따라서 다라국도 그 세력을 유지할 수 없었던 것이다. 멸망과정은 알 수 없지만, 대가야의 멸망으로 더 이상 버틸 수 없었던 다라국은 자진 투항의 길을 걸었을 가능성이 높다.

8. 철의 나라, 소가야(小伽耶)

고성지역은 경남 남부해안에 자리잡고 있어 일찍부터 바다를 통해 주변 혹은 중국이나 왜와의 교류했을 가능성이 크다. 그리고 소가야의 중심지였던 고성읍은 바다와 거리가 멀지 않으며, 비교적 넓은 농경지를 가지고 있어 고대사회로부터 정치집단의 형성과 성장에 유리했던 지역이었다.

고성지역에는 일찍부터 정치집단이 존재했음을 보여주는 유적이 있다. 1~3세기 유적인 동외동패총, 4~5세기대의 동외동 제사유적, 5~6세기대의 송학동, 율대리, 연당리, 내산리 등지에 고분유적이 그것이다.

| 고성 송학동고분군 전경 |

문헌에서도 가야의 전시기에 걸쳐서 정치집단이 존재하고 있었음을 보여주고 있다. 3세기 중반의 기록인 『삼국지』에는 고자미동국으로, 3~4대의 역사적 사실을 보여주는 포상팔국전쟁에서는 고사포, 고자로 나타나고 있으며, 6세기대에는 『일본서기』에 고차와 구차로써 백제에서 개최된 사비회의에 참여하는 가야의 일국으로 나타나고 있다.

가야시대의 나라이름, 고자국(古自國)

고성이라는 지금의 이름은 신라 경덕왕때 만들어진 것이며, 그 이전은 고자군이었다. 통일신라시기 고성군에 소속된 지역은 문화량현(蚊火良縣: 고성군 상리면)·사수현(泗水縣: 사천시 사천읍)·상선현(尙善縣: 고성군 영현면)의 셋이었다.

| 송학동고분 내부의 모습 (박천수 외, 2003) |

고성에 자리잡았던 가야시기의 나라이름도 다양하다. 문헌으로 나타나는 최초의 국명은 『삼국지』의 고자미동국(古資彌凍國)이다. 『일본서기』에는 구차국(久嗟國)·고차국(古嗟國)으로, 『삼국사기』에는 고사포(古史浦), 『삼국유사』에는 古自國, 그리고 소가야(小伽耶)로 기록되고 있다.

지금은 소가야라는 이름으로 널리 불리어지고 있다. 이것은 고려시대에 쓰여진 『삼국유사』를 근거로 조선시대 이후 널리 사용되어 왔기 때문이다. 조선시대 지리지 중에서 『고려사』 지리지가 가장 먼저 고자군의 전신을 '소가야국'이라 하였고, 그 이후로 거의 모든 지리지나 읍지에 그대로 쓰여졌다. 그러나 소가야는 나말여초 이후 지어진 이름이고, 고성지방의 옛 국명은 고자국, 고사포국이었다.

그런데 왜 고령의 대가야와 달리 소가야라 했을까? 고성지역을 소가야라고 불렀던 이유를 알 수 없다. 고성지역 사람들이 스스로를 작은 가야라는 '소가야'로 부르지는 않았을 것이기 때문이다. 그래서 혹자는 소가야는 '쇠가야'가 잘못 전해진 것으로 추정한다. 그 근거로 『삼국사기』에 따르면 신라의 경덕왕은 고자군(古自郡)을 고성군(固城郡)으로 바꾸었고, 『신증동국여지승람』은 고성의 지명이 철성(鐵城)이었음을 들고 있다. 고성과 철성은 '쇠처럼 단단한 성'이란 의미이다. 따라서 작은 가야가 아니라 '철의 가야'였다는 것이다.

고성지역에 철과 관련된 유적이 조사되기도 했다. 1974년 동아대박물관이 발굴한 동외동 패총유적이다. 이곳에서 야철지가 발견되었다. 이 유적에서 국립진주박물관은

1995년에 두 마리의 새가 마주보고 있는 청동장식을 발굴하기도 했다. 야철지는 1~3세기 소가야의 제철이나 야철을 보여주는 것이고, 청동장식은 그 지역을 다스리던 지배자의 존재를 보여준다.

소가야의 성장

소가야의 성장은 지리적 여건으로 볼 때 골포국, 가락국 등과 같이 해상을 통한 교역이 그 기반이 되었다. 주요 교역품은 철이었을 가능성이 높다. 교역의 증거는 유물을 통해서 확인된다. 한경(漢鏡)의 출토는 중국과의 교류, 광봉동모(廣鋒銅鉾), 야요이식토기는 왜와의 교류를 보여주는 증거이다.

| 송학동고분에서 출토된 유공광구소호 (박천수 외, 2003) |

| 고성 동외동패총에서 조사된 새 모양이 새겨진 청동기 (경남대학교 박물관, 2008) |

소가야가 유력한 정치집단이었음을 보여주는 것은 포상팔국전쟁기사이다. 소가야(고자국, 고사포국)는 골포국(창원), 사물국(사천), 칠포국(칠원) 등의 포상팔국과 함께 함안지역인 아라가야를 공격하고 있었다. 소가야가 아라가야와 전쟁을 벌인 것은 농경지 확보를 위한 내륙지역으로의 진출이 목적이었다. 함안공략에 성공하게 되면 남강을 가로질러 의령, 진주지역으로 진출할 수 있기 때문이다. 하지만 이 전쟁에서 고자국(소가야)를 비롯한 포상팔국이 승리하지 못했다.

전쟁의 패배가 소가야의 몰락을 가져온 것은 아니었다. 그 이후에도 『일본서기』에 소가야를 지칭하는 국명이 등장하고 있으며, 송학동고분군, 내산리고분군 등의 가야고분을 통해서도 짐작할 수 있다.

소가야의 전성기

소가야는 6세기 전반까지도 그 세력을 유지하고 있었다. 고고학자료를 통하여 볼 때 소가야문화권을 통하여 소가야 중심의 교역권을 추정해 볼 수도 있다. 즉 고성지역에 독자적인 세력이 존재했다는 것을 보여주는 것인 고성식토기인데, 그 분포권은 고성을 중심으로 하여 거제, 창원 진동, 진주, 하동에 이르고 있다. 이 권역을 소가야의 지배권역으로 볼 수는 없지만 이들 지역과의 교역을 통하여 영향력을 행사했을 가능성은 있다.

고분군의 분포를 통해 소가야의 권역을 확인할 수도 있다. 동쪽으로 마산만을 건너다보는 동해면(내산리고분군), 서쪽으로 영오면(연당리고분군, 영대리고분군)·사천(예수리고분군)·하동(고이리고분군)으로 확대되고 있다. 특히 진주에서는 남강을 경계로 북쪽의 수정봉고분군, 옥봉고분군이 모두 대가야 계통으로 바뀌고 있음에도, 남강 남쪽의 가좌동고분군은 여전히 고성의 색채를 유지하고 있었다.

『일본서기』 흠명기 5년(544) 11월조에 의하면, 구차한기(久嗟旱岐), 즉 고성지방 구차국(고자국)의 수장이 아라가야와 대가야 등 7국의 대표들과 함께 백제에 가서 성왕이 주도했던 사비회의에 참여하고 있다. 고자국을 비롯한 가야 소속

| 발굴된 고성내산리8호분 (국립가야문화재연구소, 2010) |

의 나라들은 규모면에서 독자적으로 가야지역으로 진출해 오는 신라나 백제에 대항할 만한 여력이 없었다. 이에 서로 공동으로 대외관계를 모색하기도 했던 것이다. 하지만 그와 같은 노력은 성공을 거두지 못하였다. 백제와 신라의 전쟁이었던 관산성전투(554년)에서 신라가 승리함으로써 신라의 가야에 대한 침공은 계속되었다. 소가야가 멸망한 시기를 알 수는 없지만, 560년 아라가야의 멸망, 562년 대가야의 멸망은 소가야가 이 시기까지 존재했다고 하더라도 더 이상 세력을 유지할 수가 없었을 것이다. 이에 소가야도 아라가야의 멸망과 거의 비슷한 시기에 스스로 투항했을 가능성도 있다.

대외교류의 증거-송학동고분군

송학동고분군은 소가야의 권역을 대표하는 고분군으로 현재 고성읍 중심지의 북쪽 구릉에 자리 잡고 있다. 크고 작은 7기의 고분이 분포하는데 송학동 1호분은 일본 고분시대 수장의 전형적 무덤형태인 전방후원분(前方後圓墳)일 가능성이 제기되기도 했다. 하지만 1999년 11월에서 2000년 3월까지 시행된 조사결과 각각의 원분(圓墳) 3기가 단순히 겹쳐진 형태로서 전방후원분과는 아무런 관련이 없음이 밝혀졌다.

2000년에서 2002년까지 진행된 세 차례의 정밀발굴조사에서는 전방후원분과 같은 형태로 보일 수 있었던 이유가 드러나게 되었다. 송학동 1호분이 전방후원분의 형태처럼 보였던 이유는 남쪽에 있는 봉분이 더 높고 북쪽 봉분이 낮은 것이었는데, 이러한 현상은 일제시대부터 도굴로 훼손되는 과정에서 북쪽 봉분의 상부가 깎여나갔기 때문이었다.

동아대박물관에 의하면, 송학동고분군은 5세기 중반에서 6세기중반까지 조성된 고자국의 최고지배층인 수장급 무덤

| 발굴 후 드러난 고성 기월리1호분 봉분조성 모습 (동아세아문화재연구원, 2011) |

이며, A,B,C호분으로 이루어져 있는 송학동 1호분은 1A호분과 1B호분을 깎아 그 사이에 1C호분을 축조하였는데, 이러한 중복현상은 경주지역의 황남대총이나 전남 나주 복암리고분과 같이 의도적으로 축조하였을 가능성이 높은 것으로 추정했다.

인공산을 만들어 필요할 때마다 다시 파 들어가면서 무덤을 만들고, 그 안에 시신을 묻는 축조방법은 가야지역의 일반적인 방법과 다르다. 이러한 무덤을 분구묘(墳丘墓)라 하는데, 고성 동해면 내산리고분군, 고성읍 율대리고분군 뿐만 아니라 영산강유역, 일본 큐슈, 간사이 지방 등지에서 나타나고 있다. 이것으로 볼 때 고성지역은 이들 지역과의 교

| 진주 창촌리유적에서 조사된 소가야토기 (삼강문화재연구원, 2010) |

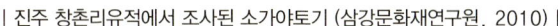

류가 활발했을 가능성이 높다. B호분의 채색된 돌방(석실)과 돌방 중앙에 연도를 배치한 구조와 형태도 영산강유역의 장성 영천리고분, 해남 장고산고분, 그리고 일본의 돌방무덤에서 확인되고 있기도 하다. 이것은 고성지역이 가야시기에 활발한 대외교류가 이루어지고 있음을 보여주는 증거이다.

천장에 붉은 칠을 한 석실분에서 출토된 유물들은 왜의 영향을 강하게 보여주고 있다. 발굴단은 출토된 유리구슬과 목걸이들 때문에 여성의 무덤이라고 추정하기도 했다. 소가야왕에게 시집왔던 왜의 여인이라 말한다면 너무 지나친 억측일까?

송학동고분군과 그 의미

확인된 유구가 서쪽에 연도를 갖춘 횡혈식석실분이라는 점과 석실내부가 모두 채색된 고분이라는 송학동고분군의 특징은 가야지역은 물론 삼국시대 고분에서 처음 발견된 자료이므로 삼국시대 고분연구에 있어서 귀중한 위치를 차지하고 있다. 채색고분은 일본의 큐우슈우(九州)지방과 칸사이(關西) 고분시대의 고분에서도 흔히 발견되고 있어서 한·일간의 고분연구에도 크게 기여하고 있다. 석실의 구조는 가야지역의 수혈식 석곽과 백제 지역의 횡혈식 석실 특징이 혼재된 것으로 추정되기도 한다. 부장된 유물에서 신라토기가 보이므로 신라와의 교류흔적도 엿볼 수 있다.

Ⅲ장
가야의 사람들

1. 신화속의 사람들
1) 가락국의 건국시조, 수로
2) 수로왕비, 허황옥
3) 가야산신, 정견모주

2. 슬픈 가야사람들
1) 비운의 16세 순장소녀, 송현이
2) 불운의 예술가, 우륵
3) 대가야의 마지막 태자, 월광

3. 신라 속의 가야사람들
1) 수로왕의 12세손, 김유신
2) 봉림선문 개창한, 심희

Ⅲ장. 가야의 사람들

고구려를 비롯한 삼국에는 수많은 사람들이 등장한다. 삼국을 주체로 한 역사서인 『삼국사기』가 남아있고, 그속에는 영웅들의 이야기를 담은 열전도 있기 때문이다. 하지만 가야는 가야를 중심으로 서술한 역사서가 없다. 가야가 자리잡고 있었던 영남지역에는 많은 사람들의 무덤이 남아있지만 누구의 것인지도 알 수 없다. 다만 신화속에서, 다른 나라와의 관계 속에서 뜨문뜨문 가야 역사 속에서 살아간 사람들이 있을 뿐이다.

『삼국유사』 가락국기에는 가락국의 왕들이 있다. 신화속의 인물인 수로와 허황옥, 그리고 마지막 왕인 구형왕까지 10명이 왕이 등장한다. 이외에 대가야에는 신화속의 가야 산신 정견모주, 최초의 왕인 뇌질주일을 비롯해서 중국의 남제와 교류했던 하지왕, 가야금 12곡을 만들게 했던 가실왕, 마지막 왕인 도설지왕이 있으며, 마지막 태자인 월광도 있다. 하지만 가락국과 대가야를 제외하고는 여러 나라 가야의 왕들이 누구였는지 알 수 없다. 거대한 고분 속에 누워 있는 사람들이 모두 왕이거나 왕족이었을텐데 그 사람들의 이력이나 이름조차도 알 수 없다.

왕이나 왕족이 아니면서 가야사에 널리 알려져있는 사람은 가야금 12곡을 만든 우륵이 유일하다. 물론 일본의 역사서인 『일본서기』에 가야사람으로서 일본에 건너갔다 다시 가야지역으로 와서 활동했던 사람들도 있었다. 최근에는 가야의 고분에서 출토된 인골에 사람의 이름을 붙이기도 했다. 창녕 송현동고분에서 조사된 순장녀 '송현이'다.

오히려 가야가 멸망한 이후 가야의 명맥을 이어간 사람들로서 그 이름이 알려진 사람이 많다. 삼국통일에 기여했던 김유신, 외교문서에 능했던 강수, 9산선문의 하나인 봉림산문을 개창했던 심희 등이 그들이다.

이들을 통해 가야의 역사를 엮어갈 수도 있다. 가야에 살았던, 그리고 가야의 역사적 전통을 이어갔던 몇 몇사람들을 통해 가야의 역사에 접근해 본다.

1. 신화속의 사람들

1) 가락국의 건국시조, 수로

가락국을 세운 수로는 신화속의 인물이며, 역사속의 인물이기도 하다.

후한(後漢) 세조광무제 건무 18년(42) 임인 삼월 계욕일(禊浴日)에 (중략) 자줏빛 끈이 하늘로부터 드리워 땅에 닿아 있었다. 끈이 내려와 있는 곳을 찾아가니 붉은 보자기로 싸인 금빛 상자가 보였다.

| 김수로왕릉 |

열어보니 해와 같이 둥근 황금 알 여섯 개가 있었다. (중략) 알 여섯 개가 변하여 사내아이로 되었는데 용모가 매우 훌륭하였다. 나날이 성장하여 십여 일이 지나자 신장이 아홉 자나 되니 은나라의 천을(天乙)을 닮았고, 얼굴은 용과 같으니 한나라의 고조(高祖)를 닮았으며, 눈썹은 여덟 빛깔을 띠니 당나라의 고(高)임금을 닮았고, 눈동자가 겹으로 되었으니 우(虞)나라 순(舜)임금과 닮았다. 그 달 보름에 왕위에 오르니, 처음으로 나왔으므로 이름을 수로(首露)라 하였다. (중략) 나라 이름을 대가락(大駕洛)이라 하였다. 또한 가야국(伽耶國)이라고도 일컬었으니, 곧 6가야의 하나이다. 나머지 다섯 사

람은 각각 돌아가 5가야의 임금이 되었다.(『삼국유사』 가락국기)

수로는 서기 42년에 하늘로부터 구지봉으로 내려온 황금알에서 태어나 가락국의 왕이 되어 199년에 죽어 158년간 나라를 다스렸다고 한다. 수로가 158년을 살았다는 것은 지금의 상식으로는 믿을 수 없다. 그래서 중국으로부터 지금과 같은 달력이 전파되기 이전에는 "봄에 씨뿌리고 한 살을 먹었고, 가을걷이를 하고 다시 한 살을 먹었다"하여 1년에 두 살을 먹은 것으로 추정하기도 한다. 그렇다면 수로왕의 실제 연령은 158세의 반인 79세 정도로 볼 수 있다. 또 다른 견해는 수로가 158년을 통치한 것은 수로라는 한 사람이 아니라 수로집단 내에서의 왕위계승으로 보기도 한다. 수로(首露)의 의미에 대해서는 여섯 개의 황금알 가운데 처음으로 나타났다고 하여 이름을 수로 또는 수릉(首陵)이라 했다 하며, 혹은 '수리', '술'과 결부시켜 신성한 왕 혹은 높은 왕의 뜻으로 해석하기도 한다.

우리나라, 건국신화의 의미

우리나라에도 고대국가의 형성과정을 담고 있는 건국신화가 많이 남아있다. 주로 나라를 열었던 개국시조에 관한 이야기이며, 그들은 하늘에서 내려온 천신족이다. 다만 그 시조가 직접 하늘로부터 내려오기도 하고, 하늘로부터 내려온 사람이 지상의 토착세력과 혼인하여 낳은 사람이 시조가 되기도 한다. 앞의 경우는 가야의 수로신화와 신라의 박혁거

| 『삼국유사』 가락국기에 전하는 '6란'의 모형 |

세신화이다. 수로는 하늘에서 내려온 알에서 탄생하여, 바다로부터 들어온 허황옥과 혼인하여 나라를 세웠고, 박혁거세 또한 지상의 신성한 여성과 혼인한다. 이를 천남지녀(天男地女)형이라 한다. 뒤의 경우는 고조선의 단군신화와 고구려의 주몽신화이다. 단군은 하늘로부터 내려온 환웅과 토착세력인 웅녀와 결혼하여 단군을 낳는다. 주몽 또한 천신인 해모수와 하백의 딸인 유화부인의 사이에서 태어난 존재이다. 이런 형태를 천부지모(天父地母)형이라 한다. 지역으로 볼 때 천부지모형은 북방지역신화이고 천남지녀형은 남방지역신화이다.

남방지역신화인 신라와 가야의 건국신화는 신들에 대한 이야기가 매우 소략하다. 왕위에 오르게 되는 정당성의 근거인 신성성(神聖性)은 비교적 약하게 나타나고, 6촌장이나

9간이 어린아이를 추대했다는 점이 부각되고 있다. 이와같은 현상은 이미 주변 국가들에 대한 지식을 통하여 왕을 중심으로 한 지역결속과 통일적 지배의 필요성을 느끼고 있었던 토착민들이 이주민계통의 사람에게 권위를 부여하는 과정에서 나타난 신화였기 때문이다.

가야 건국신화의 현전하는 형태는 가락국 수로신화와 대가야 정견모주신화이다. 「가락국기」의 수로신화는 신화의 네가지 요소인 하늘에서 내려오고, 알에서 태어나고, 결혼하고, 그리고 왕위에 오른 과정을 골고루 서술하고 있어 다른 어떤 건국신화보다 완벽하다. 이것은 전승되는 과정에서 내용이 더해지고, 본래의 내용보다 과장되게 꾸며지거나 미화된 결과이다.

가야의 두 건국신화는 천신과 지신의 결합이라는 동일한 구조를 가지고 있다. 따라서 이들 신화의 형성시기는 삼한시기의 변진구야국(가락국)이나 대가야의 전신인 반파국이 형성될 당시의 전승이 체계화한 것이다. 가락국과 대가야의 건국신화만이 전승되고 나머지 가야의 나라에서는 건국신화가 전승되지 못한 것은 신라에 의해 멸망되었기 때문이다. 물론 가락국과 대가야도 신라에 멸망당한 것은 마찬가지지만 가락국신화는 삼국통일에 기여했던 김유신 가문의 상징성을 드러내는 과정에서 신화가 기록으로 체계화될 수 있었고, 대가야는 해인사 창건과 관련되어 개국신화로 체계화될 수 있었다. 아라가야 등은 이러한 계기를 가지지 못했기 때

| 김해시내의 중심부를 흐르는 해반천변에 자리잡은 봉황대유적 (박천수 외, 2003) |

문에 개국신화가 체계화되거나 전승되지 못했던 것이다.

수로왕이 하늘에서 내려온 까닭은?

건국신화에서 건국시조가 하늘로부터 내려왔다든지 천신족을 아버지로 둔 것은 당시의 사회적 모습과 밀접한 관련이 있다. 당시는 농경사회였고, 농사를 짓는데 가장 큰 영향력을 미치는 것은 자연의 힘이었다. 그중에서도 가장 중요한 것은 하늘이었다. 즉 하늘에서 비, 구름, 천둥, 번개와 같은 자연현상이 일어났고, 그것은 농사의 풍년과 흉년을 결정하는 중요한 요소였기 때문이다. 따라서 하늘과 관계된 왕은 지배의 정당성을 확보할 수 있었다. 단군신화의 내용에 바람, 비, 구름을 주관한다는 자나 곡식을 위시한 생명과 질

| 가락국 김수로왕의 영정 |

병, 형벌과 선악을 주관하는 자들이 환웅을 보좌했다는 내용은 이러한 사실을 잘 말해 준다.

신라를 건국한 박혁거세는 위만조선의 몰락으로 인해 남하한 유이민세력이라 한다. 『삼국사기』 신라본기에 의하면 "일찍이 조선 유민(遺民)이 산과 계곡에 살면서 6촌을 이루었다"고 하였기 때문이다. 박혁거세가 위만조선의 유민이었다면 수로왕도 위만조선의 유이민이라 볼 수 있다. 이동경로는 달랐겠지만 수로는 위만조선의 성숙한 철기문화를 가지고 남쪽으로 내려왔다.

그가 내려온 김해지역은 구간(九干)을 대표로하는 청동기 사회가 존재하고 있었다. 아직 나라 이름도 없고 또한 왕과 신하의 칭호도 없었던 사회였다. 이들을 수로가 규합하여 나라를 세운 것이 가락국이다. 그가 나라를 세운 곳은 여뀌 잎처럼 협소했다. 하지만 산천이 기이하게 빼어나 16나한이 살 만한 곳이었다. 그기에 1천 5백보 둘레의 외성(外城)과 궁궐과 전당(殿堂) 및 여러 관청의 청사와 무고(武庫)를 지었다.

제철왕, 수로

수로는 어떻게 9간이 지배하는 김해지역을 규합하여 나라를 세울 수 있었을까? 그가 위만조선의 유이민이었다면 그 나라의 선진문화를 지니고 내려왔을 것이다. 그것이 9간사회를 지배할 수 있는 힘이 되었을 것이다. 흔히들 가락국이 성장한 이유를 철기문화의 발전과 교역이었다고 말한다. 이러한 성장조건은 수로로부터 시작되었다고 볼 수 있다. 수로왕과 신라 탈해왕의 이야기를 통하여 수로왕에 접근해 본다.

완하국(琓夏國) 함달파왕의 부인이 임신하여 달이 차서 알을 낳았는데 알이 변하여 사람이 되었으므로 이름을 탈해(脫解)라 했다. 탈해가 바다를 따라 가락국으로 오니 그의 키는 다섯 자였고 머리의 둘레는 한 자나 되었다. 흔연히 대궐에 나아가서 왕에게 말하였다. "나는 왕의 자리를 빼앗으러 왔소." 왕은 답했다. "하늘이 나에게 명하여 왕위에 오르게 했고, 나는 장차 나라 안을 안정시키고 백성을 편안하게 하려 한다. 나는 감히 천명(天命)을 어기어 왕위를 남에게 줄 수 없으며, 또 감히 우리 나라와 백성을 너에게 맡길 수도 없다." "그렇다면 기술(奇術)로써 승부를 결정하자." "좋다." 잠깐 사이에 탈해가 변해서 매가 되니 왕은 변해서 독수리가 되었다. 또 탈해가 변해서 참새가 되니 왕은 변해서 새매가 되었다. 그 동안이 촌음(寸陰)도 걸리지 않았다. 얼마 후에 탈해가 본모습대로 돌아오니 왕도 또한 본모습으로 돌아왔다. 탈해는 이에 엎드려 항복했다.

"제가 기술을 다투는 장면에서 매가 독수리에게서, 참새가 새매에게서 죽음을 면함은 아마 성인께서 죽이기를 싫어하는 인덕(仁德)을 가지셨기 때문입니다. 제가 왕과 왕위를 다툰다 해도 이기기는 진실로 어렵겠습니다."

곧 탈해는 하직하고 나갔다. 인교(麟郊) 변두리의 나루터에 이르러 중국 배가 와서 대는 뱃길을 따라 떠났다. 왕은 슬그머니 그가 이곳에 머물면서 반란을 꾸밀까 염려하여, 급히 수군을 실은 배 5백 척을 보내어 그를 쫓았다. 탈해가 계림의 영토 안으로 도망하니, 수

군은 모두 돌아왔다.(『삼국유사』 가락국기)

아이는 지팡이를 끌고 두 종을 데리고 토함산(吐含山) 위에 올라가서 돌무덤을 만들었다. 그곳에 이레 동안 머무르면서 성중에 살 만한 곳이 있는가 하고 바라보았다. 마치 초생달 같은 한 산봉우리가 보이는데 지세가 오래 살 만한 곳이었다. 이에 내려와서 그곳을 찾으니 곧 호공(瓠公)의 집이었다. 이에 속이는 꾀를 써서 숫돌과 숯을 몰래 그 곁에 묻고 이튿날 이른 아침에 그 집 문 앞에 가서 말했다. "이것은 우리 조상 때의 집이오." 호공은 그렇지 않다 하고 서로 다투었으나, 결단을 내리지 못하여 이에 관가에 고했다. 관가에서는 동자에게 물었다. "이것이 너의 집이라는 걸 무엇으로 증거를 대겠느냐?" "우리는 본래 대장장이였는데, 잠시 이웃 고을에 나가 있는 동안 다른 사람이 빼앗아 살고 있으니, 땅을 파서 조사해봅시다." 그 말대로 땅을 파보니, 과연 숫돌과 숯이 나왔으므로 이에 그 집을 빼앗아 살게 되었다. 이때 남해왕은 탈해가 지혜 있는 사람임을 알고 맏공주로써 아내를 삼게 하니 이가 아니부인(阿尼夫人)이었다.(『삼국유사』, 제4대 탈해왕)

위의 기록은 수로와 석탈해의 변신술 싸움, 그리고 석탈해의 패배와 신라로의 도주, 석탈해가 호공의 집을 빼앗고, 남해왕의 부마가 되는 과정을 담고 있다. 석탈해는 호공의 집을 빼앗는 과정에서 대장장이임을 내세웠다. 대장장이는 철 제련기술을 가진 집단임을 의미한다. 이러한 석탈해가 바다를 따라 가락국에 이르렀고, 가락국의 왕위를 빼앗으려 하였다. 이에 수로왕은 석탈해와 변신술 싸움을 벌여 석탈해를 신라로 내쫓아 버렸다.

아마 이러한 서술은 수로집단과 탈해집단 사이의 전쟁을 의미하는 설화일 것이다. 수로왕이 제철과 관련된 집단인 석탈해를 내쫓을 수 있었던 것은 수로왕의 철제련기술이 훨씬 우월하였다는 것을 보여준다. 따라서 수로가 왕이 되고, 김해지역에 가락국을 세운 것은 철을 잘 다룬 야장집단이었기 때문일 것이다.

신라에도 간여했던 수로왕의 정치력

수로왕이 통치하던 가락국은 인근 신라의 정치적 상황에 관여할 만큼 강력한 정치력을 가졌다.

23년(102) 가을 8월에 음즙벌국(音汁伐國: 경주시 안강읍) 과 실직곡국(悉直谷國: 강원도 삼척) 이 강역을 다투다가, 왕을 찾아와 해결해 주기를 청하였다. 왕이 이를 어렵게 여겨 말하기를 "금관국(金官國) 수로왕(首露王)은 나이가 많고 지식이 많다." 하고, 그를 불러 물었더니 수로가 의논하여 다투던 땅을 음즙벌국에 속하게 하였다. 이에 왕이 6부에 명하여 수로를 위한 연회에 모이게 하였는데, 5부는 모두 이찬으로서 접대 주인을 삼았으나 오직 한기부(漢祇部)만은 지위가 낮은 사람으로 주관하게 하였다. 수로가 노하여 종[奴] 탐하리(耽下里)에게 명하여 한기부의 우두머리 보제(保齊)를 죽이게 하고 돌아갔다. 그 종은 도망하여 음즙벌국의 우두머리 타추간(鄒干)의 집에 의지해 있었다. 왕이 사람을 시켜 그 종을 찾았으나 타추(鄒)가 보내주지 않았으므로 왕이 노하여 군사로 음즙벌국을 치니 그 우두머리가 무리와 함께 스스로 항복하였다. 실직국(悉直國)과 압독국(押督國)(경북 경산) 두 나라의 왕도 와서 항복하였다.(『삼국사기』 신라본기 파사니사금)

 읍즙벌국과 실직곡국이 영역분쟁을 벌이다가 파사왕에게 해결해 줄 것을 요청하자, 파사왕은 수로왕이 나이와 지식이 많다고 하여 불러 문제를 해결하려 하였다. 이에 수로왕은 읍즙벌국에게 다투던 땅을 속하게 하였고, 수로를 위한 연회에 한기부만 지위가 낮은 사람을 참석하게 하였으므로 이에 한기부의 우두머리를 죽였다고 한다. 신라의 내부의 영역 문제에 수로왕이 깊숙이 참여하고 있는 모습을 알 수 있다. 이것은 당시의 가락국이 신라보다 정치적 성장이 빨랐던 것을 암시하기도 하며, 수로의 정치적 입지 또한 우월하였음을 잘 보여준다.

수로왕릉으로 남아있다

 158년을 살았던 수로왕은 지금 김해시내 중심부에 자리잡고 있는 수로왕릉의 모습으로 남아있다. 가락국기에는 수로왕의 죽음에 나라사람들은 마치 부모를 잃은 듯 했으며, 대궐의 동북쪽 평지에 빈궁(殯宮)을 세워 장사지내고 수릉왕묘(首陵王廟)라 하였으므로 수로왕릉이 199년에 조성되었던 것으로 전하고 있다.
 그러나 수로왕릉의 지금 모습은 그 당시의 것은 아닐 가능성이 크다. 당시의 고분이 지금의 수로왕릉과 같이 남아있

| 수로왕릉내에 있는 서상동 지석묘 (대성동고분박물관, 2004) |

는 것은 없기 때문이다. 지금의 위치에 수로왕릉이 조성된 것은 661년(신라 문무왕 원년)이었다고 추정되기도 한다. 김유신의 여동생이면서 태종무열왕의 왕후였던 문명왕후의 아들인 문무왕이 즉위후 교서를 통하여 수로왕은 자신에게 외가로 15대조에 해당하므로 그를 종묘에 모시라고 명하였기 때문이다. 종묘에 모신다는 것은 무덤앞에 사당을 세우는 형태였다. 수로왕릉 앞에 사당을 신설하면서 봉분도 크게

성토했을 가능성이 높다. 이 시기에 왕릉의 위치와 그 내부 구조가 새로이 조성되었을 가능성도 있다.

문무왕때 조성된 수로왕릉은 김해지역에 수로왕의 후손들인 김해 김씨들이 토착세력으로서의 기반을 유지하고 있었기 때문에 그 모습을 대체로 유지하고 있었다. 하지만 고려후기부터 조선초에 이르기까지 몽고의 침략과 왜구의 횡행으로 수로왕릉은 그 모습을 유지하지 못하고 황폐해졌다. 이것은 조선개국후 세종 21년(1439)에 수로왕릉이 논에 잠겨있고 허물어진 왕릉의 분구 위에 소나 말을 놓아 기른다는 조선왕조실록의 경상도관찰사의 장계에서 알 수 있다.

이수광의 『지봉유설』에 따르면 수로왕릉은 임진왜란때 왜구에 의하여 도굴되었는데, 구덩이 안은 매우 넓었고, 두개골은 대야만큼 컸으며, 관 바깥에 순장한 것으로 보이는 두 명의 미인이 있었다고 한다. 이를 복구하는 과정에서 인조 24년(1646)에 비로소 수로왕릉과 허왕후릉의 능비(陵碑)가 세워졌다. 그 후 부속건물들이 조금씩 늘어났고, 고종15년(1878)에 신라의 시조 사당과 마찬가지로 사당건물인 숭선전(崇善殿)이 왕의 사액(賜額)을 받게 되어 지금의 모습으로 남아있다.

2) 수로왕비, 허황옥

허황옥은 가락국 건국신화의 여주인공이다. 하늘에서 내려온 수로와 인연을 맺어 왕후가 되었다. 구간들이 수로왕에게

"신들이 기른 처녀 중 가장 좋은 사람을 궁중에 뽑아들여 왕비를 삼으시기 바랍니다"라고 했지만, 수로왕은 "내가 이곳에 내려옴은 하늘의 명령이다. 내게 짝지어 왕후로 삼게 함도 또한 하늘이 명령할 것이니 그대들은 염려하지 말라."고 하였다. 그리고 드디어 유천간에게 명령하여 가벼운 배와 빠른 말을 주어 망산도(望山島)로 가서 허황옥을 맞이하게 하였다. 이렇게 두 사람은 부부가 되었다. 그리하여 그녀는 함께 온 사람들과 함께 가락국 발전의 중심축이 되었다. 왕후는 가락국 2대왕이 거등(居登)을 낳고, 수로왕보다 9년 앞선 189년에 157살의 나이로 세상을 떠났다. "허황옥에 대한 첫 번째 질문은 어디로부터 왔는가에 대한 의문이었다.

허황옥은 어디에서 왔을까?

"저는 아유타국(阿踰國)의 공주입니다. 성은 허(許)라 하고 이름은 황옥(黃玉)이며 나이는 열여섯 살입니다. 본국에 있을 때 올 5월에 부왕(父王)과 모후(母后)께서 제게 말씀하시기를 '우리 내외가 어젯밤 꿈에 함께 하늘의 상제(上帝)를 뵈오니, 상제께서 가락국왕 수로는 하늘이 내려보내 왕위에 오르게 했으니 신성한 분이란 이 사람이며, 또 새로 나라를 다스림에 있어 아직 배필을 정하지 못했으니 그대들은 공주를 보내어 배필을 삼게 하라' 하시고 말을 마치자 하늘로 올라가셨습니다. 꿈에서 깨어난 뒤에도 상제의 말씀이 귀에 쟁쟁하니 '너는 이 자리에서 곧 부모와 작별하고 그곳 가락국을 향해 떠나라' 하셨습니다."

허왕후의 출신에 대해서는 다양하다. 기원전 3세기경 갠지스강 중류지대에서 크게 번성하였던 불교왕조 아요디아에서 왔다는 설, 아요디아에서 중국 사천성 보주 일대로 옮겨와 살던 허씨 집단의 일부가 양자강을 타고 내려와 황해를 거쳐 가락국으로 이주했다는 설, 타이 방콕 북부의 고대도시 아유티아와 관계가 있다는 설, 일본열도내 삼한·삼국 분국의 하나가 자리잡고 있던 일본 큐슈동북방에서 왔다는 설, 김수로왕과 허왕후는 모두 발해 연안 동이족 집단의 일원으로 후한 광무제에 의해 신(新)의 왕망세력이 멸망하는 신·후한의 교체기에 발해연안에서 해류를 타고 가락국으로 옮겨왔다는 설 등이 있다. 널리 알려져 있는 아요디아·아유티아설은 메소포타미아의 수메르문화에 기원을 둔 쌍어문(雙魚文)이 아요디아와 김수로왕릉 정문 등에 모두 표현되고 있다는 것을 주요 근거로 하고 있다. 최근에 다시 제기되고 있는 왕망세력 망명집단설은 해류 상황과 한나라 계통의 출토유물들을 제시하고 있다.

허왕후가 인도로부터 왔다는 것은 많은 의문을 남긴다. 지금까지의 김해지역 발굴과정에서 인도와 관련된 유적이 확인되거나 유물이 출토된 적이 없기 때문이다. 『삼국유사』가락국기에는 허왕후가 수많은 보물을 가져왔고, 그 후예들이 대대로 김해지역에 살았는데 인도와 관련된 유물이 한 점도 보이지 않는 것이다. 인도로부터 왔다는 증거가 되고 있는 쌍어문은 가야와 아무런 관련이 없는 고려시대 강원도의 진전사 터에서도 나오고, 중국 흑룡강성에서 출토된 금나라대의 청동거울에도 있다. 더구나 사찰에 가면 물고기가 매달린 풍경이 있고, 예불을 알리는 목어(木魚)도 있다.

허왕후가 인도의 아유타국에서 왔다는 것은 가락국의 건국신화가 고대의 지식인이었던 승려들에 의해 문자로 기록되면서 불교적으로 윤색되었을 가능성이 높다. 아유타국은 인도불교를 중흥시킨 아소카왕의 사적이 있는 곳이었기 때문이다.

수로왕이 위만조선 멸망 이후 도래한 유이민이었던 것처럼 허왕후도 위만조선지역에서 이주한 집단일 가능성이 높다. 허왕후가 김해지역으로 중국 한나라의 고급스러운 여러 가지 물건(漢肆雜物)을 가져온 것으로 보아 상인세력이었을 가능성도 배제할 수 없다. 또한 당시에 중국의 선진문물을 교류되고 있었던 지역은 서북한 지역이나 낙랑군이었다. 황해도 봉산군의 양동리 5호분에서는 바닥에 쌍어문이 새겨진 청동냄비가 출토되었다. 2세기후반에서 3세기전반경에 축조된 것으로 생각되는 이 고분은 허왕후와 수로왕이 죽는 때와 비슷한 시기이다. 따라서 허왕후 집단은 중국과 교류하고 있었던 서북한 지역으로부터 서해안을 따라 남해안의 김해로 이주했던 것으로 추정할 수 있다.

허황옥집단은 왕비족이었다

김해지역으로 들어왔던 허왕후는 혼자가 아니었다. 그녀를 따라온 사람들은 신하인 신보(申輔) · 조광(趙匡), 그들의 아내들은 모정(慕貞) · 모량(慕良)이며, 노비까지 합하면

20여 명이었다. 그들이 가지고 온 금수(錦繡)·능라(綾羅)와 옷·필단(疋緞), 금은·주옥과 경구(瓊玖)의 장신구 등은 이루 다 기록할 수 없을 정도로 많았다 하므로 경제적 능력도 갖춘 집단이었음을 알 수 있다.

왕후를 비롯한 그들은 이후 가락국의 왕실에서 핵심적인 역할을 담당했다. 허왕후는 수로왕을 도왔고, 거등이라는 아들을 낳아 가락국 왕실의 후사를 이었다. 때문에 그녀는 하(夏)나라 우왕(禹王)에게 시집가서 우왕을 돕고 계왕(啓王)을 낳았던 도산씨의 딸, 순임금에게 시집가서 순임금의 후예 요(姚)씨의 시조가 되었다는 요임금의 딸 아황(娥皇)과 여영(女英)과 비교되기도 했다.

수로왕 이후 가락국의 왕비들은 왕후의 신하였던 신보와 조광의 후손들이 차지했다. 2대 거등왕의 왕비는 신보의 딸 모정이며, 태자 마품(馬品)을 낳았다. 3대 마품왕의 왕비는 조광의 손녀 호구(好仇)였고, 태자 거질미(居叱彌)를 낳았다. 이것은 허왕후와 함께 왔던 일행의 자손들이 대대로 왕비가 되었음을 보여준다. 즉 허왕후 집단은 가락국에서 왕비족의 위치에 있었으며, 가락국에는 대대로 왕을 내던 수로집단과 왕비를 배출하던 허왕후집단이 왕족으로써 최상의 지배층이었음을 알 수 있다.

허왕후의 성을 따른 두 아들―남녀평등

비록 오래지는 않지만 최근 페미니스트들은 양성평등의 입장에서 아버지와 어머니의 성을 병렬해서 쓰기도 한다.

하지만 거의 모든 사람들은 아버지의 성을 따르고 있다. 그런데 2000여년전 가락국에서도 어머니의 성을 따랐던 왕자들이 있었다. 가락국 수로왕과 허왕후 사이에는 열 명의 아들이 있었다. 그 가운데 두 명에게 허왕후의 성인 허씨 성을 잇게 하였다.

두 명의 아들에게 허씨의 성을 잇게 한 것은 그만큼 당시 허왕후집단의 정치적 위상이 높았음을 보여준다. 왕비족이었던 허왕후 집단은 허씨 성을 잇게 됨으로써 왕족인 수로와는 다른 독립적 기반을 유지할 수 있었으며, 조상의 제사 또한 달랐을 가능성이 높다.

신화속의 허황후, 그 역사적 의미

고대국가의 시작은 신화로부터 시작된다. 우리의 고대 건국신화는 대체적으로 거의 동일한 이야기 구조를 가지고 있다. 하늘과 자연, 땅, 혹은 물과의 만남, 곧 신성혼이었다. 고조선의 단군신화에서 환웅과 웅녀의 결혼은 하늘과 자연(동물)의 만남이며, 해모수와 하백녀의 만남은 하늘과 물의 어우러짐이다. 신라의 박혁거세와 알영의 만남도 하늘과 물의 만남에 해당된다. 이러한 이야기 구조는 가야에서도 마찬가지라 볼 수 있다. 수로와 허황옥의 만남은 하늘과 물과의 만남으로 이해될 수 있기 때문이다

신화나 설화는 당시의 사회상을 반영하고 있는 것임에 틀림없다. 따라서 허왕후가 인도의 아유타국으로부터 왔는 지는 단정할 수 없지만 수로와 허황옥의 결혼이라는 수로신화

의 기본구조를 부정할 수는 없다. 하늘의 왕인 해모수가 물의 신인 하백의 딸을 배우자로 맞고, 혁거세가 우물 속 계룡(鷄龍)의 몸에서 나온 알영과 결혼한 것이 '하늘과 물의 만남=풍요'라는 고대인의 현실적 사유와 관련되고 있음은 잘 알려진 사실이다. 이로 볼 때 하늘에서 온 수로와 대응되는 짝은, 물에서 나온 물을 다스리는 존재로 볼 수 있을 지 모르겠다. 아유타국에서 뱃길로 수로를 찾아왔다는 허왕후의 이야기로 볼 때 이러한 추정이 가능할 것으로 생각한다.

김해의 가락국은 입지 조건상으로 바닷길을 통한 대외교섭이 활발한 정치집단이었다. 중국과 한반도 중북부 및 일본을 잇는 국제교역의 중심으로 성장, 번영하였던 것이다. 중국의 회수, 사수하류에서 산동반도 연안과 발해연안을 거쳐 한반도의 서해안과 남해안으로 이어지는 황해 교통로의 중간기착지가 가락국이었으며, 일본 구주에서 한반도로 뻗은 크고 작은 섬들로 이루어진 한·일 해상교통로가 황해 교통로로 이어지는 곳 역시 가락국이었다. 중국의 동남해 연안교통로가 황해교통로와 이어지며, 일본의 동지나해 교통로가 구주에서 한·일 해상교통로로 이어진다는 점을 고려할 때, 가락국을 거치는 문물이 어느 정도 국제성을 띠었을 것임은 분명하다.

따라서 김수로와 허황옥의 만남은 당시 정치집단이 형성되어가는 과정에서 세력이 확대되어가는 과정을 보여주는 것에 다름아니다. 허황옥이 어디서부터 왔는 지는 알 수 없지만, 김수로집단의 뒤에 김해지역에 도착한 이주집단이었으며, 이들의 결합이 김해지역의 가락국이 더더욱 성장할 수 있는 토대가 되었던 것이다. 이러한 상황들이 『삼국유사』의 「가락국기」에 남아있는 것이며, 후대의 사람들은 이러한 이야기들을 기록으로, 구전으로 전하여 들었던 것이며, 당시 그 지역을 살고 있는 사람들에게 지역의 정체성을 일깨우고, 동질감을 이룰 수 있는 근거가 되었던 것이다. 망산도, 유주암, 유주각은 이러한 의미에서 지역민들에게 중요한 문화유산이다.

허왕후와 그 흔적 – 가야불교의 시작, 왕후사

허왕후가 인도로부터 왔기 때문에 김해지역에는 가락국의 시작과 함께 불교가 전래되었을 것이라는 이야기가 있다. 하지만 "수로왕이 허황후를 맞아들여 함께 나라를 다스린 것은 1백50여 년이나 되었다. 그러나 그때에 해동(海東)에는 아직 절을 세우고 불법을 받드는 일이 없었다."라는 『삼국유사』 금관성파사석탑조의 기록으로 보아 가락국 초기에 불교의 존재는 찾을 수는 없다. 이때까지 발굴된 고분유적, 생활유적에서 불교의 흔적을 보여주는 것도 없다.

질지왕(銍知王)은 김질왕(金銍王)이라고도 한다. 원가 28년에 왕위에 올랐다. 이듬해 시조의 비 허황옥(許黃玉) 왕후의 명복을 빌기 위해 왕후가 처음 시조와 결혼했던 곳에 절을 세워 왕후사라 하고 밭 10결을 바쳐 비용에 충당하게 했다.(『삼국유사』 가락국기)

제8대 질지왕(銍知王) 2년 임진(452)에 이르러 처음으로 그곳에 절을 두었다. 또 왕후사(王后寺)를 세웠는데—아도와 눌지왕의 시대에 해당되니, 법흥왕 전의 일이다—지금까지도 복을 빌고 있으며 아울러 남쪽 왜국을 진압시켰는데 그 사실이 「가락국 본기」에 자세히 보인다.(『삼국유사』 금관성 파사석탑)

 가락국 불교의 시작을 보여주는 것이 452년 왕후사의 건립이다. 5세기대의 가야는 국가적으로 불교를 수용하고 있던 고구려, 백제와 관계를 맺으면서 성장하고 있었다. 따라서 5세기인 452년의 왕후사 건립은 가야지역에 불교가 수용되었을 가능성을 엿볼 수 있다. 특히 가락국은 400년 광개토왕의 남정으로 인하여 쇠퇴하기 시작했다. 그러한 상황 속에서 가락국 8대 질지왕이 불교의 수용과 허왕후를 위한 왕후사 건립을 시도했다. 이것은 쇠퇴하는 가락국을 불교의 힘과 가락국 건국의 한 주체였던 허왕후를 통하여 새롭게 나라를 부흥하고자 했던 것은 아닐까? 특히 수로왕과 허왕후가 처음 결혼한 곳에 절을 세웠다는 것은 건국 주체들의 힘을 빌어 국가체제를 정비하려던 염원의 표현이었을 것이다. 하지만 그러한 노력은 성공하지 못했다. 532년 신라로의 자진투항은 그것을 말해주고 있다.

3) 가야산신, 정견모주(正見母主)

 대가야의 건국신화에 남아있는 정견모주는 대지의 어머니

를 상징하는 산신이었다. 즉 정견모주는 지모신(地母神)으로서 천신(天神)인 이비가지와의 결합으로 대가야의 시조인 뇌질주일을 낳았다. 이러한 신화의 줄거리는 우리나라의 일반적인 신화구조와 다르지 않다.

대가야 건국신화, 지모신의 강조
대가야 신화의 특징은 지모신이 강조되고 있다.

[최치원의 석리정전(釋利貞傳)에 이르기를 "가야산신 정견모주(正見母主)가 천신(天神) 이비가지(夷毗訶之)에게 감응되어 대가야왕 뇌질주일(惱窒朱日)과 금관국왕 뇌질청예(惱窒靑裔) 두사람을 낳았다."라고 하였다.] (『신증동국여지승람』 고령현 건치연혁조)

가야산신인 정견모주(正見母主)가 바로 그 사람이다. 천신인 이비가지가 나오긴 하지만 가야산신이 먼저 등장하고 있다. 대가야의 마지막 태자인 월광태자를 '정견의 10세손"이라하여 정견을 중심으로 세대수를 헤아리고 있는 것도 마찬가지다. 가락국 건국신화의 경우, 수로가 건국신화의 중심에 있으며, 수로를 중심으로 세대를 결정하는 것과는 확연히 다르다.

천신인 이비가지가 그 중심에 서있지 않고 가야산신인 정견모주가 강조되고 있는 것은 신화가 전승되고, 체계화되는 과정과 밀접한 관련이 있다. 대가야는 562년 신라에 의해 무력으로 멸망당했기 때문에 대가야의 역사 혹은 개국신화는 전승으로만 전해질 수밖에 없었다.

개국신화가 문헌으로 정리된 것은 훨씬 이후였다. 건국신화에 나타는 정견모주의 '정견(正見)'이나 월광태자의 '월광(月光)'이라는 불교적 인명으로 보아 불교적 윤색이 베풀어 질

| 합천 해인사전경 |

수 있었던 시기로 추정할 수 있다. 즉 대가야가 신라와 결혼동맹을 맺은 522년부터 대가야가 멸망하는 562년까지의 시기와 석순응(釋順應)과 석이정(釋利貞) 등이 해인사를 창건하던 9세기초이다. 그리고 지방제도개편과 지명개정이 이루어지던 경덕왕대(742~765)에 『삼국사기』지리지의 원전이 만들어지므로 이 당시 전승되어왔던 대가야의 개국신화를 가락국의 개국신화를 참조하여 고쳐 실었을 가능성도 있다.

이들 가운데 신라의 중앙 정치무대에서 가락국 출신의 김유신계가 몰락하고 가야산에 해인사가 창건되는 시기인 혜공왕에서 애장왕대(765~808)까지가 주목된다. 해인사 창건

| 합천 가야산 |

의 두 주역인 석이정과 석순응의 전기를 찬술한 사람은 최치원이다. 최치원이 두 전기 속에 대가야의 개국신화를 기록한 것은 승려 두 사람의 출신지에 대한 관심이 깊어짐에 따라 이 지역 최초의 정치집단인 대가야의 시조와 그 무대가 되는 가야산까지 언급하게 된 것이다. 신화의 내용이 가락국 건국신화와 달리 정견모주와 이비가지의 사이에서 뇌질청예 즉 수로왕이 탄생했다고 하는 조작은 대가야 개국신화 정리 당시 신라내의 가락국계인 김유신계가 몰락하였기 때문이다.

| 대가야 건국신화에 등장하는 정견모주를 형상화한 음악분수 |

'가야'라는 불교식 나라 이름이 가야 당대에는 보이지 않은 점을 고려할 때 '가야산'이라는 이름이 등장하는 것으로 보아 대가야의 개국신화가 정형화된 것은 해인사의 창건과 관련되는 9세기초로 보는 것이 옳다. 석순응전과 석리정전은 최치원이 가야산해인사 화엄원에 은거했을 때 해인사를 개창했던 두 사람의 승려를 위하여 엮은 것이므로 9세기 말엽에 기록되었을 가능성이 높다.

따라서 천신인 이비가지보다 정견모주가 강조되었던 것은 대가야의 개국신화가 해인사의 창건과 관련되어 기록되었기 때문에 해인사가 위치했고, 대가야의 건국의 무대였던 가야산이 강조되었다. 또한 대가야의 건국과정에서 하늘에서 내려온 이주족인 이비가지보다 해인사가 위치한 가야산지역에 자리잡은 토착세력을 중시했던 결과였을 가능성도 있다.

정견모주가 낳은 두 아들, 뇌질주일과 뇌질청예

대가야의 건국신화에는 천신과 지모신이 낳은 두 아들이 있다. 첫째인 뇌질주일은 대가야왕이 되고, 둘째인 뇌질청예는 금관국(가락국)왕이 된다. 뇌질청예는 곧 수로이다. 근데 이러한 신화의 내용은 일반적으로 이해되고 있는 가야의 역사와는 다르다. 가야의 이른 시기에는 대가야보다 가락국의 성장정도가 빨라서 가락국이 전기가야 연맹체의 맹주국으로 이해되고 있기 때문이다.

그런데도 대가야의 건국신화가 이러한 모습으로 남아 있는 것은 대가야의 정치적 발전이 왕성했던 5세기대의 사실을 반영하고 있다. 대가야를 표방하며 가야지역 전체를 아우르고자 했던 의도의 표현이다. 즉 대가야의 전신인 반파국이 건국되는 과정에서 만들어진 건국신화를 5세기대에 후기가야 연맹체의 맹주 혹은 강력한 국가로 성장했던 대가야 현실을 반영하는 내용으로 고쳤던 것이다.

5세기 이전에 고령지역에는 반파국의 시조인 이진아시가 있었고, 김해지역에 김수로가 있었으므로 이것을 근거로 5세기 후반의 시기에 두 사람을 형제관계로 설정하였다. 이것은 가야연맹의 복원 혹은 가야의 중심세력으로 자리 잡으려는 대가야의 의도를 표현한 것으로 볼 수 있다. 그들은 친형제도 아니었고, 가야내부에서 진행된 가야를 대표하는 정치집단의 교체를 형제관계로 설정하였을 뿐이다.

해인사에 남아있는 정견모주

'정견(正見)'은 불교에서 실천 수행하는 중요한 덕목인 8정도(正道)의 하나로서, 열반에 이르는 불교의 이상을 실현하

| 합천 홍류동계곡 바위에 새겨진 최치원의 한시 |

기 위해서는 무엇보다 부처가 깨달은 바른 견해를 잘 생각하지 않으면 안 된다는 뜻이다. 물론 가야산신이 정견모주라는 이름으로 남은 것은 불교적으로 윤색된 결과이다.

해인사는 우리나라 3대 사찰로서 법(法)의 상징인 팔만대장경이 보관되어 있으므로 법보사찰이다. 하지만 가야산은 해인사가 들어서기 전에는 대가야의 건국신화의 중심무대였다. 대가야와 자리잡았던 중심지인 고령의 지산동고분과도 가깝다. 그래서인지 지금의 해인사에는 '정견모주의 상'이 불화로 그려져 있다. 대가야 건국신화의 중심인 정견모주가 가야산신이었기에 그런 모양이다.

2. 슬픈 가야사람들

1) 비운의 16세 순장소녀, 송현이

지난 2009년 11월 25일, 지상파 방송 3사와 케이블 TV의 보도 전문채널에서는 복원된 1500년 전 16세 순장소녀의 모습을 일제히 보도했다. 다음날 그 소녀는 전국 주요 일간지 1면을 장식했고, 인터넷 주요 포털사이트에서는 '순장'이라는 단어가 하루 급상승 검색어 1위로 랭크되었다.

발굴조사의 내용으로 언론의 주목을 받아 전국민의 이목을 집중시켰던 것은 공주의 무령왕릉, 경주의 천마총, 익산 미륵사지 등의 경우처럼 종종 있어왔다. 하지만 고고학 중심의 연구성과가 학계와 시민사회에 이렇게 큰 관심을 받아본 적은 없었다. 그리고 2009년 한 해를 정리하는 년말에, 이 16세의 순장소녀는 한 중앙일간지가 선정하는 2009년 한 해를 빛낸 문화계 인물 4명 중 한 명으로 선정되기도 했다.

가야시대의 고분인 창녕 송현동 15호분에서 순장(殉葬)된 사람

| 창녕 송현동15호분에서 출토된 인골로 복원된 '송현이'(국립가야문화재연구소; 2009) |

들의 인골이 출토된 것은 지난 2007년이었다. 창녕은 가야의 여러 나라 중에서 비화가야 혹은 비사벌국이 위치한 곳이다. 순장자는 남자, 여자 각각 2명씩이었다. 여성 한명은 16세정도, 나머지 3명은 20대였다. 앞니에는 반복적으로 끊은 흔적이 남아 있어 무언가를 만드는 작업을 했던 것으로 확인되었다.

인골 4구는 무덤의 주인공을 위해 묻힌 순장자였다. 유기물을 대상으로 실시하는 방사성탄소연대측정법에 따른 순장자의 사망시기는 95%의 신뢰수준에서 기원후 420~560년이었다.

순장, 그 시대의 애절한 아픔

순장이란 내세적 이데올로기와 차별적 신분제도가 존재하던 고대사회의 제도적 규범이었다. 동물이 아니라 '사람의 희생'에 대한 사회적 합의 또는 공감대가 형성되었을 경우 무덤주인의 소유 및 사역의 대상으로서 봉사의 책임이 있는 종속관계자를 동시에 매장하는 비인간적 장례풍습이다. 중국과 이집트 등 약 5,000년 전부터 세계 여러 지역에서 시작되어 고대국가 형성 이후 점차 사라지게 된다. 우리의 역사에서는 고조선부터 가야에 이르기까지 존속되었다.

한국의 역사학·고고학계에서는 동시성·강제성·종속성 등의 개념으로 순장을 설명한다. 결국 순장은 내세적 이데올로기와 차별화된 신분질서(종속성)가 존재하는 사회적 시스템 속에서 제도적 규범으로서 '인간의 희생'이 사회적 정당성을 확보(강제성)하여야 하고, 여기에 주피장자와 동시에 매장하는 장제(동시성)가 결합된 것으로 이해할 수 있다.

고조선시기 중국의 요동지역의 강상무덤에서는 100여명에 가까운 사람이 순장된 사례가 있다. 기록에는 『삼국지』 위서 동이전 부여조에 "사람이 죽으면 남을 죽여 순장하는데 많은 경우에는 100명이 넘는다."고 한 것이 처음 기록이다. 신라의 경우 지증왕 3년(502)에 국왕이 죽으면 남녀 각 5명씩 순장하던 것을 금지했다. 이후에는 사람 인형인 토우를 함께 묻었다. 가야의 경우 멸망기까지 순장은 계속되었다. 송현동 15호분에서 발굴된 4명의 순장인골은 이러한 상황을 보여준다. 순장을 금지한 이유는 농업의 발전에 따른 노동력의 중시, 불교전래로 인한 살생금지 등으로 인한 것이었다.

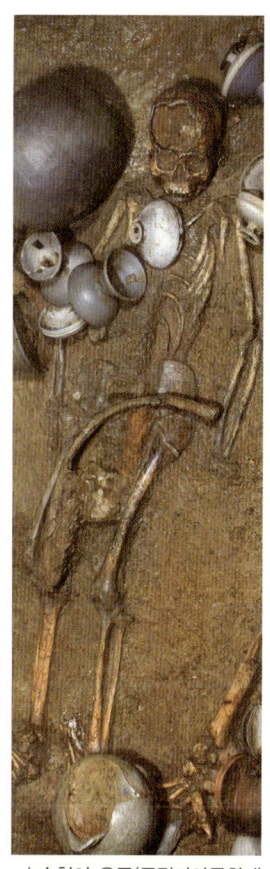
| 송현이 유골(국립가야문화재연구소; 2009) |

순장은 '신분의 격차가 뚜렷하고, 지배-피지배관계를 너머 초월적 절대권력자의 존재를 뒷받침하며, 절대권력이 이

데올로기에 의해 정당화되고 있었던' 당시 사회의 모습을 반영하는 것으로 이해되어 왔다. 하지만 순장이라는 '사람의 희생'이 당연시 되었던 것은 지배세력이 절대권력을 가지지 못했기 때문에 만들어진 규범일 가능성이 높다. 정치·사회적으로 보장받지 못했던 지배세력이 그 권위를 사람을 희생해서라도 과시하려 했던 것이다.

법으로서 지배세력의 권위가 보장되고, 관료조직을 통해 지배층의 이념과 사상이 실천되며, 토지소유와 조세를 통해 권력자들의 경제적 기반이 마련되고, 종교를 통하여 권력의 정당성이 이념적으로 보장된다면, 굳이 '사람의 희생'이라는 순장이 필요하지 않았을 가능성이 높다. 때문에 순장의 금지를 인간의 노예적 지배로부터의 전환으로 해석하여 고대와 중세의 시대적 전환의 계기로 보는 견해도 있다.

가야에서의 순장

한반도에서는 가야지역에 해당하는 김해 대성동·양동리 고분군과 동래 복천동 고분군, 함안 도항리 고분군, 창녕 송현동고분군, 고령 지산동고분군, 경산 임당고분군 등의 고분유적에서 순장이 확인된다. 김해 대성동 3호분 목곽묘에서는 주곽에 2~3명이, 대성동 1호분 부곽에는 3~5명이, 함안 도항리 수혈식석실분에서는 5명이나 나란히 순장되었다.

고령지산동 44호분의 경우 32기의 순장곽을 만든 후 36명을 순장시키고 있다. 순장곽에는 시신과 함께 금제귀고리나 유리구슬 등의 장신구, 칼이나 화살촉, 낫이나 도끼 등 농공

| 발굴된 송현동15호분 (국립가야문화재연구소, 2009) |

구, 실을 뽑는 방추차, 등자나 재갈 등의 마구 등이 묻혀 있었다. 이것으로 보아 장신구 소유자는 주인공의 곁에서 시중을 드는 사람이었을 것이며, 농경에 종사하는 사람, 직조를 담당하는 사람, 말이나 마차를 다루는 사람, 무기를 소지한 사람은 주인공의 신변을 보호하던 사람들이 묻혔음을 알 수 있다.

과학으로 풀어보는 순장자의 모습

순장자들은 누구였을까? 순장자들의 친연관계와 성별판별, 식습관의 과학적 복원을 위해 유전학·생화학적 연구가 진행되었다. 법의인류학적으로 남성으로 판별된 2구의 시

| 송현동15호분 출토유물 (국립가야문화재연구소, 2009) |

체는 채취한 시료를 통해서 볼 때 동일한 모계의 자손일 가능성이 높은 것으로 판명되었다. 이들에게서 여성 유전자를 통해서만 전달되는 '미토콘드리아 DNA 하플로그룹'이 동일하게 나타났기 때문이다. 이는 조선시대 인골과 현대 한국인에게까지 나타나며 동남아시아에까지 널리 분포한다는 흥미로운 사실도 확인됐다.

순장자들은 수수·기장·조 등의 식물보다는 쌀·보리·콩 등의 식물을 주로 섭취하였으며, 한 남성 순장자는 다른 순장자들보다 수수·기장 등의 식물과 단백질(육류)섭취 정도가 높았다.

복원된 순장자들의 모습

 법의인류학적으로 순장자의 신원을 확인했다. 인골의 성별·나이·신장 등에 대한 기초 신원자료를 확보하고, 뼈에 남아있는 병리학적 소견 및 외상에 대한 증거를 찾아내어 그 원인과 결과를 추론함으로써 순장자의 사망 당시의 정황에 대한 과학적 증거를 마련하기 위한 것이었다.

 순장자들은 횡구부로부터 '여-남-여-남'의 순서로 자리해 있었다. 횡구부에서 가장 멀리 떨어져있었던 인골의 일부는 뼈 수습 이전 사람의 발뼈와 함께 해부학적 연결성을 갖도록 배치되어 있었으나, 분석결과 동물뼈로 판명되었다. 분류학적으로 사슴 또는 고라니의 발가락뼈로 추정되는 이 동물뼈가 순장인골의 양쪽 발가락뼈 탈락부분에 마치 공백을 메꾸듯이 온전한 발모양을 갖도록 배열된 상태로 출토된 것이다.

 인체 복원연구의 대상이 되었던 여성의 인골은 팔다리뼈의 뼈끝닫힘이 열려있어 약 15~17세 여성으로 판단되었으며, 추정신장은 152㎝~159.6㎝이다. 머리 뒤통수뼈의 좌우대칭적인 다공성뼈과다증은 생리학적 빈혈을 의심해 볼 수 있으며, 원인은 영양결핍·불충분한 무기질 식사에 병합된 만성감염·뼈막염 등을 포함한 급성감염·풍습·식이·위생·기생충 감염 등 다양하다. 정강뼈와 좌우 종아리뼈에서 관찰된 반응뼈는 종아리의 반복적이고 급격한 사용 가능성을 시사해준다.

 나머지 순장자들은 역시 젊은 성인으로 순장의 대상자가

현재를 기준으로 청소년을 포함한 젊은 연령이었다. 뼈대에서 특이한 외상이 보이지 않아서 손상사나 내인사가 아닌 중독사 또는 질식사가 법의학적 사인이었다. 발굴 당시의 자연스러운 해부학적 자세와 위치, 뼈대 관절의 유지상태 등을 종합해 볼 때, 순장자들은 매장되기 전에 사망하였으며, 시신의 부패(백골화) 이후 무덤으로 이동되었거나 재매장된 것은 아니었다.

송현이의 복원

2008년 4월 4일 사전 발굴회의를 거쳐 법의학자가 해부학적 연속성을 고려하여 인골을 수습하였다. 이 때 고고학자와 유전학자가 함께 참여하여 필요한 시료를 동시에 채취하였고, 12시간 동안의 모든 과정에 대하여 영상으로 기록하기도 했다. 발굴 당시 총65개였던 인골표본은 법의인류학적 검사와 컴퓨터단층촬영(CT)을 위해 수세 및 건조의 전처리과정을 거치면서 157개로 세분화되었다. 그리고 전신의 뼈대가 양호하게 남아있던 횡구부쪽의 인골을 인체 복원 연구의 대상으로 선정하였다. 그 성별은 여성이었다.

인체 복원은 법의인류·법치의학적 기초 신원자료를 바탕으로 컴퓨터단층촬영(CT)과 3D 재구성을 통한「복제뼈제작→복제된 뼈의 전신조립→얼굴 물렁조직의 평균두께표시→근육표현→피부마감→실리콘 전신상 제작」순서로 진행되었다. 특히 얼굴 물렁조직의 두께값은 현대의 16세 여성에서 산출한 인체통계학 자료를 활용하였다. 고대인의 얼굴을 복

문화일보

1500년전 가야 여인의 '부활'

16세때 순장… 키 153cm·허리 21.5인치에 목 긴 '8등신'

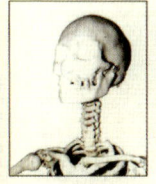
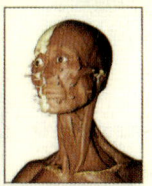
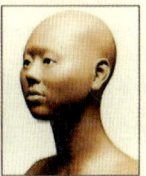

25일 서울 종로구 세종로 경복궁 국립고궁박물관 1층 중앙로비에 전시된 16세 가야여성의 복원된 인체 모형(왼쪽)과 제작과정(오른쪽). 신창섭기자 bluesky@·문화재청 제공

실물크기 복원은 처음

'작고 귀여운, 남자의 품에 꼭 안길 정도의 아담한 여성.'

25일 서울 종로구 세종로 경복궁 국립고궁박물관 1층 중앙로비에서 1500년 전 16세 순장(殉葬) 여성인골의 인체복원 모형을 공개한 강순형 국립가야문화재연구소장은 6세기 초 경남 창녕 비화가야(非火伽倻)의 권력자의 시녀였을 것으로 추정되는 이 여성이 목이 긴 '8등신 미인'이었다고 밝혔다.

근육과 피부를 복원하고 머리카락을 하나씩 심은 결과 최종 키는 153.5cm로 오늘날 기준에서 봤을 때는 작은 편에 속하지만 얼굴도 작아 현대 미인의 기준인 8등신에 속한다는 것. (문화일보 11월5일자 2면 참조)

이날 인체복원 모형 공개로 문화재청 국립가야문화재연구소가 지난 2006~2007년 경남 창녕군 송현동 15호분에서 발굴한 순장인골 4구를 대상으로 시도했던 학제(學際)간 융합연구인 '고대 순장인골 복원연구사업'도 보도게 발간 등 마무리 단계에 들어갔다.

1500년 전 이 땅에 살았던 한국인의 얼굴과 몸을 과학적이고 사실적으로 표현할 수 있게 된 것이 이번 사업의 가장 큰 성과다. 인체복원 모형을 보면 16세 가야 여성의 생김새는 턱뼈가 짧아 얼굴이 넓었지만 목이 긴 미인형이다. 팔이 짧은 대신 손가락·발가락의 길이 허리는 21.5인치로 현대인(평균 28인치)에 비해 가늘었다. 상체가 하체보다 큰 편이서 무릎을 많이 꿇는 생활을 하는 등 전체적으로 운동량이 많아 균형 있는 단단한 몸매를 가지고 있었다는 게 강 소장의 설명이다. 눈은 쌍꺼풀이 없는 것으로 복원됐다. 강 소장은 "인골 발굴을 많이 했지만 실물대의 모형을 만들어 본 것은 이번이 처음"이라고 말했다.

인체복원 모형작업에는 조각가이자 미술해부학 전문가인 김병하씨, 박창투·봉준호 감독의 영화 '쥐'의 '머리'에서 분장을 담당했던 CELL팀이 참여했다. 순장인골의 인체복원 모형은 25~29일 국립고궁박물관에서 일반에 공개되며 12월1~6일 정남박물관에서 전시된다.

최영창기자 ycchoi@

| 송현이 얼굴재현과정 (문화일보, 2009. 11. 29) |

219

원하기 위해 현대인의 자료를 이용하는 것이 논란의 대상이 될 수 있으나, 통계학적 유의성을 지닌 상태에서 고대 인골자료에 얼굴의 물렁조직이 온전하게 남아있지 않다는 점을 감안한다면 불가피한 최선의 선택이었다.

복원된 순장자 송현이의 머리뼈 전체의 형태적인 비율관계는 현대인과 비슷하였으나, 얼굴은 현대인보다 넓고 편평하다. 법의인류학적으로 산출된 추정신장은 152cm~159.6cm였지만, 복제된 뼈를 해부학적으로 조립한 결과 실제 뼈대의 키는 151.5cm였다. 팔길이와 어깨너비 등 종합적인 신체특징을 검토했을 때, 현재의 만16세 한국인 여성과 비교하면, 하위 5~25%에 속하는 작은 체구이고 팔길이가 특히 짧다.

비운의 송현이

창녕 송현동15호분에 묻힌 16세의 소녀는 이미 사망한 권력자를 내세에서도 주인으로 섬기기 위해 독약을 마시거나 질식사해 무덤으로 들어갔다. 왼쪽 귀에만 금동귀고리를 하고 있던 그녀는 출산을 경험한 적이 없었고, 평소에 쌀·보리·콩 등을 주로 먹었으며, 주인이 권력자였기 때문에 고기도 먹을 수 있었다. 그러나 살아가면서 전신적인 질환을 몇 차례 겪었고, 빈혈도 있었으며, 충치가 여러 개 있어 통증을 느꼈을 것이다. 종아리뼈와 정강이를 반복적으로 사용하거나 앞니로 무언가를 자르는 일을 하였던 키 151.5cm의 그녀는 작은 체구에 유난히 팔이 짧은, 넓고 편평한 얼굴의 여성이었다. 종아리와 정강이뼈 분석을 통해 무릎을 꿇는 일을 많이 한 것으로 드러나 무덤의 주인공 곁에서 봉사하던 시녀였을 것으로 추정되었다.

송현이의 한쪽 귀에만 금동귀고리를 하고 있었다. 당시 유행하던 패션이었는지, 아니면 시신을 묻는 사람이 다른 쪽 귀고리를 슬쩍 주머니에 넣었을 지도 모르겠다.

그리고 풀리지 않은 미스터리

무덤의 입구에서 가장 멀리 누워 있었던 남성 순장자는 평소에 유독 고기를 많이 먹었지만, 죽어서 무덤에 묻힐 때는 발가락이 없어 사슴의 발가락으로 온전한 발모양을 갖추고 있었다. 발가락 10개 가운데 엄지와 새끼발가락을 제외한 나머지 발가락의 뼈가 사람뼈가 아닌, 사슴류의 뼈인 것으로 밝혀졌기 때문이다. 사람 발가락 하나의 마디뼈는 2개인데, 엄지와 새끼발가락을 뺀 나머지에서 3개의 뼈마디가 나와 처음엔 기형이 아닌가 생각했지만 법의학자들과 함께 과학적으로 분석해 본 결과 세마디 뼈들은 모두 사슴류 초식동물의 뼈로 확인됐다.

당시 순장을 하면서 발가락을 양쪽 3개씩 제거하고 사슴뼈를 발가락뼈 모양으로 가공해 넣었다고 추정해 볼 수도 있다. 하지만 이런 경우는 전례도 없고 문헌에도 나와 있지 않은 고대 매장 풍습의 미스터리다.

東亞日報

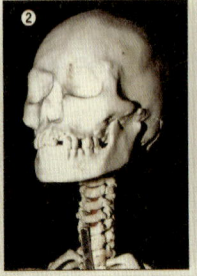
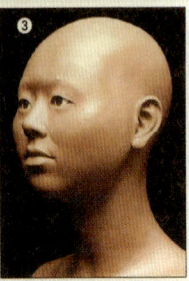

16세 여성 얼굴 복원 경남 창녕군 송현동의 6세기 가야 고분에서 출토된 16세 여성 순장자의 두개골❶. 귀고리를 차고 있다. 인골을 토대로 복제 뼈를 만들어 조립한 모습❷과 피부를 입힌 모습❸. 사진 제공 국립가야문화재연구소

1500년전 '사슴발가락'의 비밀

■ 2007년 발굴 창녕 가야고분 순장자 인골 분석해보니

1500년 전 16세 가야 소녀는 왜 순장당해야 했을까. 한 남성 가야인의 발가락은 어디로 가고 사슴뼈로 만든 발가락이 무덤에 묻혔던 것일까.

국립가야문화재연구소는 경남 창녕군 송현동의 6세기 가야고분(송현동 15호분) 순장자 4명의 인골을 컴퓨터 단층촬영, 3차원 정밀 스캔, DNA 검사, 방사성탄소연대측정 등을 통해 과학적으로 분석한 결과를 5일 발표했다.

이 고분에서 4명의 인골을 발굴한 것은 2007년 12월. 봉분 지름이 20m에 달하는 규모로 보아 무덤의 주인공은 가야의 최고 권력자였을 것이다. 그러나 이미 도굴꾼이 지나간 뒤라서 주인공의 인골은 확인할 수 없었다.

이후 2년에 가까운 분석 결과 순장자는 남자 2명, 여자 2명이었다. 사망 연대는 6세기 초. 여성 한 명은 16세 정도, 나머지 세 명은 20대였다. 가야문화재연구소는 "모두 잡곡보다는 쌀 보리 육류 등을 섭취해 양호한 영양상태였으며 외상이 없는 것으로 미루어 자연사가 아니라 중독 또는 질식에 의해 사망시킨 뒤 순장한 것 같다"고 설명했다.

금동귀고리를 착용한 채 발굴된 16세 소녀는 키가 152cm였고 사랑니가 아직 턱 속에 남아 있었다. 뒤통

**20대 남자 발가락 제거하고
사슴뼈 깎아 끼워 넣은듯
전례 없는 '미스터리 순장'**

수뼈에서 다공성뼈과다증이 나타난 것으로 보아 빈혈을 앓았으며 정강이와 종아리뼈의 상태로 보아 무릎을 많이 꿇는 생활을 했음이 드러났다.

앞니에 반복적으로 긁은 흔적이 남아 있어 무언가를 만드는 작업을 했던 것으로 확인됐다.

이 소녀는 무덤 주인공의 시녀였을 가능성이 높다. 자신이 모시던 권력자가 세상을 떠나자 강제로 죽임을 당한 뒤 함께 묻힌 것이다. 연구소는 "금동귀고리나 영양상태 등으로 보아 노예나 전쟁포로와 같은 최하계층이 아니라 무덤의 주인공 옆에서 봉사하던 사람들이었을 것"이라고 추정했다.

한 남성의 인골도 눈길을 끌었다. 발가락 10개 가운데 엄지와 새끼발가락을 제외한 나머지 발가락의 뼈가 모두 사람뼈가 아니라 사슴류의 뼈인 것으로 밝혀졌기 때문. 이성준 학예연구사는 "사람 발가락 하나의 마디뼈는 2개인데 엄지와 새끼발가락을 뺀 나머지에서 3개의 뼈마디가 나와 처음엔 기형이 아닌가 생각했지만 법의학자들과 함께 과학적으로 분석해본 결과 세 마디 뼈들은 모두 사슴류 초식동물의 뼈로 확인됐다"고 밝혔다.

당시에 순장을 하면서 발가락을 양쪽 3개씩 제거하고 사슴뼈를 발가락 뼈 모양으로 가공해 넣었다고 추정해 볼 수 있다. 이 연구원은 "이런 경우는 전례도 없고 문헌에도 나와 있지 않은 고대 매장 풍습의 미스터리다. 앞으로 추가 연구가 필요하다"고 전했다.

이광표 기자 kplee@donga.com

| 송현동15호분 출토 사슴발가락의 비밀 (동아일보, 2009. 11. 6) |

송현이

　1500여 년 전에 죽어서, 송현동고분에 묻힌 그 소녀를 '송현이'라 이름 지었다. 16살의 아리따운 나이의 그녀는 그녀가 모시는 사람의 죽음과 함께 해야 했다. 인간생명의 존엄성은 찾아볼 수 없었던 시대상황이었기 때문이다. 하지만 수많은 세월이 흐른 지금에도 스스로의 의사와 상관없이 개인을 죽음으로 내몰고 있는 것은 아직도 마찬가지다. 국가 간의 전쟁, 사회내부에서의 인권유린과 폭행으로 인한 죽음이 그것이다. 어쩔 수 없는 경제적 궁핍으로 인한 자살도 사회적 타살일 뿐이다.

2) 불운의 예술가, 우륵

　가야금은 가야문화의 정수이다. 가야금을 제작할 수 있었던 것은 가야의 기술, 문화, 학문 수준을 잘 보여주고 있기 때문이다. 가야금과 뗄 수 없는 관계에 있는 인물이 우륵이다. 우륵은 가야금으로 연주하는 12곡을 만들었다. 가야 음악을 대표하는 예술가였던 우륵의 삶은 순탄치 못했다. 가야를 버리고 신라로 망명했으므로 그를 나라를 버린 '비겁한 인물'로 표현하기도 한다. 그가 변절하지 않았다면 "가야의 음악과 악기가 오늘날까지 우리 곁에 남아 있지 않았을 것이다"라고 말하는 것은 그에 대한 올바른 평가일까?

| 광주 신창동 출토(琴)|

우륵과 12곡

악사(樂師)였던 우륵은 대가야 가실왕의 명령으로 가야금 곡 열두 곡을 만들었다. 12곡은 하가라도(下加羅都), 상가라도(上加羅都), 보기(寶伎), 달이(達已), 사물(思勿), 물혜(勿慧), 하기물(下奇物), 사자기(師子伎), 거열(居烈), 사팔혜(沙八兮), 이사(爾赦), 상기물(上奇物)이다. 사자기와 보기를 제외한 나머지 10곡은 당시의 지명을 그대로 쓰고 있으므로 후기 가야에 해당하는 여러 나라의 음악을 정리하여 가야금 곡으로 편곡한 것으로 추정되고 있다.

사자기와 보기는 중국에서 전래된 가야금 곡인데, 사자기는 사자(獅子)와 비슷한 가면을 쓰고 춤을 추는 사자무를 말한다. 불교사원의 장례나 법회에 쓰이던 춤이었으므로 가야 지역에 불교가 수용되었음을 보여주는 것이기도 하다. 보기는 금색의 공을 가지고 노는 일종의 곡예로, 서역으로부터 중국을 거쳐 전해진 것으로 추정된다. 이 두 곡을 통해서 볼 때 가야 문화의 개방성과 가야의 국제교류관계를 짐작할 수 있다. 또한 우륵이 이러한 외래문화를 받아들여 가야금곡으로 만들 수 있었던 것은 단순히 악기를 다루는 기능인이 아니라 음악에 대한 학문적 기술적 소양을 갖춘 전문지식인이었고, 불교의식에 대해서도 이해하고 있었던 그의 폭넓은 소양을 알 수 있다.

가실왕은 왜 가야금곡을 만들려고 했을까?

우륵이 12곡을 만들게 되었던 계기는 "여러나라의 방언(方言)이 각각 그 소리내는 것이 다르니 하나로 할 수 없겠는가?"라는 가실왕의 말에서 비롯되었다. 가실왕은 가야 여러 나라의 음악들을 모아 일원화하려 했던 것이다.

왜 가실왕은 가야 여러 나라의 음악을 하나로 모으려 했을까? 그 이유는 문화적 목적 아니면 정치적 목적이었을 것이다. 전자는 가실왕의 문화에 대한 높은 안목과 이해, 예술에 대한 애착으로 12곡이 제작되었다는 입장이다. 즉 12곡명 가운데 사자기와 보기같은 놀이명이 들어 있는 것이 그 예이며, 이러한 문화적 배경이 우륵과 같은 교양과 기량과 자의식을 두루 갖춘 뮤지션을 배출할 수 있었다는 것이다.

하지만 곡명의 대부분이 가야 국명으로 비정되고 있으므로 당시 대가야의 상황에 따른 정치적 목적이 12곡의 제작

| 광주 신창동 출토된 '금'(琴)을 복원한 모습 |

동기였다는 견해를 무시할 수 없다. 가야사연구자들은 12곡이 정치적 목적으로 제작된 것으로 이해하고 있다. 즉 여러 나라로 나뉘어 있었던 가야의 분립상황을 극복하고 단일한 통일체로의 지향을 반영하고 있다고 풀이한다. 분열에서 통합으로 나아가기 위하여 여러 나라의 방언을 하나로 통합하려 하였고, 가장 유효한 수단으로 활용한 것이 음악이었던 것이다. 분열상황을 극복하려는 의도 외에 대가야의 쇠퇴 상황에서 대가야 내부의 정치개혁을 통한 새로운 발전을 도모하려는 목적도 있었다.

12곡은 언제 만들어졌을까?

대가야에 있어서 5세기 후반은 가야의 여러 나라 중에서 가장 강력한 정치집단으로 성장했던 시기이다. 그것을 보여주는 것이 지산동고분군이며, 479년 중국 남제(南齊)와의 교섭을 통하여 보국장군본국왕(輔國將軍本國王)이라는 작호를 받기도 하였다. 하지만 이 시기에 대가야가 가야의 여러

| 신라토우에 보이는 가야금연주 모습 |

나라를 통합할 수 있는 상황은 아니었다. 남부가야지역에는 대가야에 비길만한 강력한 세력으로서 아라가야가 존재하고 있었기 때문이다. 또한 대가야의 성장이 6세기대에까지 계속 이어진 것도 아니었다. 따라서 5세기말 6세기초에 대가야가 가야의 전지역을 통합하기 위하여 12곡을 제작하였다는 것은 의문의 여지가 크다.

오히려 12곡의 제작은 대가야의 쇠퇴 상황을 극복하고 내부의 정치개혁을 통한 새로운 발전의 전기를 마련할 목적이었을 가능성이 높다. 대가야가 쇠퇴하기 시작한 것은 6세기 초반이다. 510년대부터 백제가 대가야지역으로 진출하기 시작했다. 즉 섬진강 상류인 남원지역과 섬진강 하류인 하동지역을 백제가 차지한 것이다. 이에 대가야는 백제의 진출을 막기 위해 성을 축조하기도 하고 신라와 결혼동맹을 맺기도 하였다.

하지만 이러한 대가야의 노력은 성공하지 못했다. 신라와의 결혼동맹은 529년에 결렬되었다. 오히려 신라가 가야지역을 차지하기 시작하였다. 김해의 가락국, 창원의 탁순국 등이 신라에 의해 멸망했다.

이와같이 대가야는 백제와 신라의 가야지역 진출로 인해 세력이 약화되었던 것이다. 위기에 직면한 대가야는 상황을 극복하기 위한 자구책을 마련할 수밖에 없었다. 따라서 12곡의 제작이 정치적인 목적의 표현이었다면 결혼동맹의 결렬, 신라의 남부가야지역 진출과 밀접한 관련이 있을 것이므로 12곡의 제작시기는 532년 이후로 볼 수 있다. 하지만 대가야 가실왕의 이러한 시도는 성공을 거두지 못하였다. 오히려 가야의 여러나라들은 백제를 통하여 신라를 견제하려 하였고, 아라가야는 가야를 대표하는 정치집단으로 발전하고 있었다.

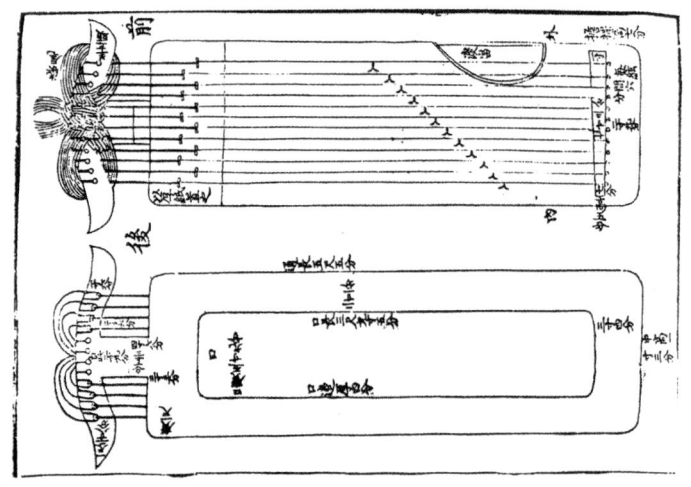

| 『악학궤범』에 보이는 가야금 |

우륵은 언제 신라로 망명했을까?

우륵이 신라로 망명한 것은 진흥왕 12년(551) 3월 이전이다. 진흥왕이 지방을 순행(巡幸)하다가 낭성(娘城, 충북 청주지역)에 이르러, 우륵과 그 제자인 이문(尼文)을 특별히 불러서 음악을 연주하게 한 것이 551년 3월이었기 때문이다.

우륵이 신라로 망명한 이유에 대해서는 기록을 통해 어렴풋이 추정할 수 있다.

그 나라에 난리가 나자 악기를 가지고 우리에게 투항했는데, 그 악기가 가야금이다.(及其國亂 操樂器投我 其樂名加耶琴)(『삼국사기』진흥왕 12년(551)

우륵은 나라가 장차 어지러워질 것으로 생각하고 악기를 가지고 신라 진흥왕에게 투항하였다. 왕이 이를 받아들여 국원(國原, 충북 충주시)에 안치하였다.(後于勒以其國將亂 携樂器投新羅眞興王 王 受之 安置國原)(『삼국사기』악지)

'나라에 난리가 나서(及其國亂)', '나라가 장차 어지러워져 (其國將亂)'라는 것으로 보아 대가야의 정치적 상황이 극도로 불안정하여 어지러워질 조짐을 보이자 우륵이 가야금을 들고 신라에 망명한 것으로 추정할 수 있다. 불안정한 상황이라고 하는 것은 백제와 신라의 가야지역 진출로 인한 대가야의 쇠퇴와 대가야 내부의 정치세력의 분열로 인한 우륵의 성치적 입장이 불리해진 상황을 말하는 것이다. 540년대 가야의 여러나라들은 힘을 합쳐 백제와 신라의 가야지역 진출에 대하여 독자성을 유지하기 위한 외교적 노력을 도모하고 있었다. 541년과 544년의 백제 성왕 주도의 사비회의에 참여하기도 하고, 백제를 견제하기 위하여 고구려에 사신을 보내기도 했다. 하지만 이러한 노력은 성공을 거두지 못하고 백제의 영향권 아래에 놓일 수밖에 없었다. 왜냐하면 신라는 이미 가야지역을 잠식해 들어오는 상황이었으므로 백제에게라도 의지할 수밖에 없는 것이 가야의 상황이었기 때문이다. 이에 554년 백제와 신라간의 관산성전투에 대가야를 비롯한 가야의 여러나라들이 백제의 편에서 전쟁에 참여하게 되었다. 따라서 우륵이 신라로 망명한 것은 544년에서 551년이전의 시기로 볼 수 있다.

신라로 망명한 이유는?

우륵이 신라로 망명한 이유는 여러 가지 측면에서 추정가능하다. 대가야내부의 정치세력의 분열, 즉 친백제파와 친신라파의 대립, 대가야내부의 기강문란, 대가야 음악자체의 변질 등이 그 이유로 제기되고 있다.

첫 번째 주장은 가실왕의 정치개혁 즉 가야내부의 정치적 통합이라는 개혁정치가 실패함으로써 더 이상 고국에 머물 수가 없었다는 것이다. 가실왕의 개혁정치가 실패함으로써 대가야 내부는 백제와 신라의 가야지역 진출에 적극 대응할 수 없었고, 이에 지배층 사이에 다양한 입장이 표출되어 서로 대립하고 갈등하였을 가능성이 높아졌고, 그것이 우륵의 망명 원인이 된 것이다.

가실왕이 음악을 통하여 의도한 것은 바로 가야사회 통합과 안정이었다. 하지만 예악의 이상을 갖고 가실왕의 개혁정치에 동참하였던 우륵은 이제 그것의 실현이 어려워진 상황에서 더 이상 가야에 머무를 하등의 필요성을 느끼지 못했다. 이에 친신라파였던 우륵은 가실왕의 개혁정치가 실패하고 대가야에 대한 백제의 영향력이 확대되고, 자신의 정치적 입지가 좁아짐에 따라 신라로 망명한 것이다. 대가야 내

| 우륵영정 (이영식, 2009) |

부의 정치적 분열은 대가야와 신라사이의 결혼동맹의 실패(529년)가 중요한 계기였다.

두 번째 주장은 대가야내부의 기강의 문란이 그 원인이었다는 것이다. 기강해이의 근거는 "이사부가…거도의 모의를 모방하여 말놀이로 가야(가라라고도 한다)국을 빼앗았다"(『삼국사기』 열전 이사부), "진흥왕이 이찬 이사부에게 명하여 가라를 습격하게 했다…그나라 사람들이 알지 못하는 사이에 병사들이 갑자기 들이닥치니 놀라서 방어하지 못했고 대군은 이를 틈타 드디어 그 나라를 멸망시켰다"(『삼국사기』 열전 사다함전)는 기록이다. 이러한 대가야의 내부상황은 악사였던 우륵이 음악을 계속할 수 없게 하였고, 이에 망명을 하게 되었다는 것이다. 6세기중반 백제·신라의 가야에 대한 압박이 현실화되는 가운데, 가야제국의 자구노력이 실패로 돌아갔고, 가야의 여러나라들은 각기 앞날을 예측할 수 없는 암울한 상황이었다. 거기에다 대가야 내부의 기강마저 문란해지고 외래적 위협에도 둔감해져 있었다. 즉 문화축적면에서 가야가 신라를 능가하고 있었지만 현실적인 국력의 쇠약함이 음악을 제도적으로 양성할 수 있는 사회적 여건을 만들지 못했기 때문에 악인 우륵이 가야에 더 이상 미련을 갖지 않고 신라로 망명한 것이다.

세 번째 주장은 우륵의 망명은 대가야의 음악자체가 이미 변질되어버린 현상도 깊이 작용하였다는 것이다. 즉 당시의 상황은 예악의 실천 여부를 뛰어넘어 음악 자체의 본질적인 문제까지도 생겨난 것으로 이해하였다. "가야는 왕이 음란하여 스스로 멸망한 것이지 음악이 무슨 죄가 있겠는가?" 라는 진흥왕의 말은 대가야가 말기적 현실에 직면하여 그 음란함의 정도가 극치에 달했고, 음악도 그렇게 이용되고 있었다는 것이다. 그리고 우륵을 더 힘들게 만든 것은 음악이 국왕의 음란한 행위를 위한 수단으로까지 남용되면서 결국 본질조차 변질된 현실 그 자체였다. 대가야의 불안정한 정국은 음악의 본질까지 바꿔 놓음으로써 우륵은 가야금과 함께 대가야의 음악만이라도 구해야 한다는 염원에서 일말의 희망을 품고 망명이라는 최후의 수단을 택하기에 이른 것이다. 가야의 음악이 신라의 대악(大樂)으로 수용되었다는 사실은 우륵의 원래 의도가 물론 전부 그대로는 아니었겠지만 어느 정도는 달성되었다고 볼 수 있다.

우륵이 신라로 망명한 것은 여러 가지 이유가 중첩되어 있었을 가능성이 높다. 하지만 가실왕이 제작을 명한 12곡의 제작이 정치적인 의도, 가야의 통합이라는 것이었다면 이러한 가실왕의 개혁정치가 성공하지 못한 것이 망명의 주원인이었을 것으로 추정된다. 가실왕의 개혁정치가 실패함에 따라 백제와 신라의 틈바구니 속에서 존속을 위한 선택을 할 수밖에 없는 상황에 이르렀을 것이고, 이것이 정치세력의 분열로 나타났다. 친백제·친신라 세력으로의 분열이었다.

이로보아 우륵이 신라로 망명한 것은 대가야가 친백제적 성향으로 전환하는 과정에서 신라로 망명했다고 볼 수 있다.

신라에서의 우륵

"우륵은 나라가 장차 어지러워질 것으로 생각하고 악기를 가지고 신라 진흥왕에게 투항하였다. 왕이 그를 받아 국원에 안치하고 이에 대나마 주지·계고와 대사 만덕을 보내어 그 업을 전하게 하였다. 세사람이 십이곡을 전수받고서 서로, '이것들은 번다하고 음란하다. 바로잡지 않을 수 없다.'고 하였다. 드디어 서로 약속하여 다섯 곡을 만들었다. 우륵은 처음에 듣고 매우 노하였으나, 그 다섯 가지 음을 듣고서는 눈물을 흘리고 탄식하면서, '즐거우면서도 흐르지 않고 애처로우면서도 슬프지 않으니 가히 올바른 것이라고 할 만하다. 너희들은 왕 앞에 나가 연주하도록 하라.'고 하였다. 왕이 그것을 듣고 크게 기뻐하였다. 신하들이, '가야의 나라를 망하게 한 음악이니 취

| 탄금대전경 |

할 바가 못됩니다.'라고 하니, 왕은, '가야는 왕이 음란하여 스스로 멸망한 것이지 음악이 무슨 죄가 있겠는가? 대개 성인이 악을 만든 것은 사람의 마음상태에 따라 억누르거나 절제함이 있게 하려는 것이다. 나라의 다스림과 어지러움은 음조에 유래하는 것이 아니다'라 하고 마침내 대악(大樂)으로 삼았다."(『삼국사기』악지)

신라로 간 우륵은 진흥왕의 배려로 악사로 활동했다. 악곡을 만들어 왕 앞에서 연주하기도 하고, 왕으로부터 명을 받은 제자들에게 악을 전수하기도 했다. 신분적으로도 상당한 대우를 받았다. 그에게 악을 전수받던 세명의 제자 중 법지(또는 주지)와 계고는 대나마였고, 만덕은 대사로서 모두 11등급 이상의 관등소지자였으므로, 이들의 스승인 우륵은 그 이상의 신분적 대우를 받았을 것으로 추정된다. 우륵은 그들의 재능을 헤아려 계고에게는 가야금을, 법지에게는 노래를, 만덕에게는 춤을 가르쳤다.

하지만 망명인으로서의 설움은 컸다. 우륵이 가르친 제자들이 우륵의 12곡을 '번다하고 음란하다. 바로잡지 않을 수 없다.'고 하여 5곡으로 축약한 것에서 알 수 있다. 이에 대하여 우륵은 분노했지만 받아들일 수밖에 없었다. 눈물을 흘리고 탄식하면서도 수용할 수 밖에 없었다. 제자가 스승의 음악을 비판하고 5곡으로 만든 것은 망명한 사람이 겪어야 했던 어쩔 수 없는 현실이었던 것이다. 우륵이 신라 망명 후 살았던 국원이라는 공간도 마찬가지다. 우륵은 진흥왕으로부터 재능과 신분은 보장 받았지만 신라의 왕도이며, 문

| 일본 동대사 정창원에 보관되어 있는 신라금 |

화의 중심지인 경주에서 살지는 못했다. 신라에서의 우륵은 어쩔 수 없는 이방인이었으며, 완전한 신라인으로서의 삶은 보장받지 못했던 것이다.

하지만 우륵은 신라로 망명함으로써 가야음악이 신라로 전해졌고, 긴 역사속에서 그 흔적이 곳곳에 남아있다. 우륵이 대가야의 악공을 가느리고 가야금을 탔다는 (고령현) 북쪽 3리의 금곡(琴谷), 속칭 정정골(주산 동쪽 사면 하단, 고령읍 연조리)에는 고령군에서 1977년에 가야금의 형태로 만들어 세운 우륵기념탑이 있다. 또한 충주시 서북쪽의 남한강변에 접한 칠금동(漆琴洞)에는 우륵이 신라인 제자들에게 가야금을 가르쳤다는 전승이 있는 탄금대(彈琴臺)가 있고, 같은 해에 예총 충주지부에서 세운 악성 우륵선생 추모비가 있다.

가실왕은?

가실이란 이름은 예쁜 여자이름 같지만 신라 진평왕대 아름다운 설씨녀와의 헌신적인 사랑이야기를 남겼던 청년도 가실이었다.

원래 왕의 이름은 죽은 뒤에 붙이는 시호로 불리어 지는 것이 보통이다. 하지만 가실왕의 경우는 시호가 아니라 원래 가지고 있었던 그의 이름이다. 왕의 본이름을 사용하여 부르는 것은 고대국가에서는 흔히 있는 일이다. 시호가 사용되지 않았던 시대는 물론이고 시호가 있어도 그렇게 부르기도 했다. 시호가 있는 신문왕도 정명왕이라 불리기도 했다.

가실왕의 경우 시호가 있었는지 알 수 없다. 아마 『신증동국여지승람』에 나오는 이뇌왕이 그의 다른 이름으로 추정되기도 한다. 왜냐하면 그가 신라와 결혼동맹을 맺은 시기가 가야금이 만들어진 시기와 비슷하기 때문이다. 그가 쓰러져 가는 대가야의 영광을 재현하기 위하여 가야금을 만들었고, 우륵으로 하여금 12곡을 만들게 했다. 하지만 그의 노력은 성공하지 못했다.

3) 대가야의 마지막 태자, 월광

신라의 마지막 태자는 '마의(麻衣)'였다. 그는 경순왕이 나라를 들어 고려에 항복하려 하자 천년 사직을 가벼이 넘겨줄 수 없다고 반대했다. 하지만 경순왕은 고려에 항복했고, 통곡하면서 개골산(금강산)으로 들어가 풀로 연명하며 일생을 바쳤던 비운의 왕자였다. 그가 마의태자인 것은 베옷을 입고 일생을 보냈다는 것에서 유래한다.

대가야의 마지막 왕자는 월광태자였다. 그는 마의태자처럼 불운한 왕자였다.

국제결혼으로 태어난 월광태자

"법흥왕 9년(522) 봄 3월에 가야국왕이 사신을 보내어 혼인을 청하였다. 왕이 이찬 비조부의 여동생을 보내었다."(『삼국사기』 신라본기)

"가라왕이 신라왕녀에게 장가들어 아이를 낳았다. 신라가 처음 딸을 시집보낼 때 100명의 사람들을 함께 보내어 그녀의 종으로 삼았다."(『일본서기』 계체기 23년(529))

"대가야국 월광태자는 정견의 10세손이다. 아버지는 이뇌왕인데, 신라에 구혼하여 이찬 비지배의 딸을 맞아 태자를 낳았다."(『신증동국여지승람』 고령현)

| 합천 야로면에 있는 월광사 동서탑 |

월광태자는 국가 간의 정략결혼으로 태어났다. 대가야 이뇌왕과 신라 법흥왕 사이에 이루어진 결혼동맹이 그것이다. 아버지는 이뇌왕, 어머니는 신라의 왕족이었다. 양국간의 결혼동맹은 522년에 성립되었고, 529년에 이르러 결렬되었으므로, 태자가 태어난 것은 522~529년 사이로 볼 수 있다.

신라는 가야지역을 정복하고 한강유역으로 진출하여 중국과 직접 교류하고자 하는 것이 국가 전략이었다. 따라서 신라와 대가야의 동맹은 오랫동안 지속되지 못할 운명이었다. 그러한 상황에서 태자는 그의 어머니가 신라사람이었으므로 태자의 대가야 내에서의 입지는 순탄치 못했을 것이다. 월광태자는 태어날 때부터 슬픈 운명을 지니고 있었던 것이다.

대가야와 신라가 결혼동맹을 맺게 된 것은 대가야의 요구에서 비롯되었다. 백제가 대가야지역이었던 기문(남원 임실지역)과 대사(하동)지역으로 진출함으로서 백제의 위협에 직면하게 되었고, 남강 남쪽에 자리잡은 아라가야(함안)가 성장함에 따라 가야지역에서의 중심적 지위가 흔들리는 상황이었기 때문이었다.

그러나 결혼동맹은 오랫동안 지속되지 못했다. 대가야는 동맹을 유지하려 했지만, 가야 에 속했던 아라가야나 탁순국(지금의 창원)은 신라와 대가야의 동맹관계를 마음에 들어 하지 않았다. 그 이유는 신라의 왕녀가 결혼할 때 데려온 100여명의 사람들 때문이었다. 신라정부는 100여명에게 신라의 옷을 입혀, 가야의 여러 지역에 나누어 보내어 신라의 정치적 위엄을 과시하려 했다. 또한 종자들의 활동을 통하여 가야의 여러나라들을 친신라적인 경향으로 전환하려 했으며, 나아가 신라의 가야지역 진출을 표면화했기 때문이었다. 대가야 또한 신라와의 동맹관계를 내세워 가야지역에서 우위를 확보하려 했다.

하지만 이러한 대가야의 노력은 아라가야와 탁순국 등의 반대로 성공을 거둘 수 없었다. 이에 신라는 대가야와의 결혼동맹을 파기했다. 하지만 이뇌왕은 신라의 파혼요구에도 불구하고 왕비와 아이를 포기하지 않았다.

하지만 신라는 532년 가락국을 멸망시키고, 창원의 탁순국을 병합하는 등 가야지역 진출을 본격화하였다. 이에 대가야도 가야의 여러나라와 함께 가야의 독립성을 유지하기 위한 대열에 참여할 수밖에 없었다. 따라서 대가야와 신라의 관계는 대립관계로 변했고, 대외관계도 친백제정책으로 전환되었다. 이러한 상황은 월광태자, 그리고 신라출신의 왕비를 난처한 상황으로 몰아갔으며, 이것이 월광태자의 숙명이었다.

월광(月光)이란 이름

월광이란 이름은 석가모니가 과거의 세상에서 국왕의 아들로 태어났을 때의 이름이다. 나병환자의 치료를 위해 자기의 목숨을 버려 가면서 골수를 빼주는 선행을 베풀었다고 한다. 월광이라는 이름 그 자체가 불교와 직결되어 있고, 해인사와 관련된 전설 속에서 그 이름이 전해지고 있다.

6세기 전반 당시 신라는 불교를 공인한 후 왕족이나 귀족들

| 월광사지 전경 |

이 불교식 이름을 짓는 것이 유행하였다. 신라 중고기를 불교식 왕명시대(법흥왕~진덕여왕)로 부르는 것은 이 때문이다.

월광태자는 신라왕녀가 대가야의 이뇌왕에게 시집오면서 불교를 가져왔을 가능성이 있다. 그녀의 아들이 '월광태자'였다는 사실은 이를 보여준다. 월광태자가 불교를 강조했던 것은 신라왕녀의 아들로서 신라계였던 본인이 반신라적인 대가야의 상황에서 권력을 강화하기 위한 수단으로 불교를 강조했을 가능성이 높다.

해인사 서쪽 5리에 있었다는 거덕사(擧德寺)는 최치원이 지은 「석순응전」에 옛 대가야국 태자 월광이 불교에 귀의한 곳으로 전해지고 있다. 가야산에서 가야천을 따라 남쪽으로 조금 내려온 곳에는 월광태자가 세웠다는 월광사가 있다.

월광사지는 해인사 계곡에서 흘러내리는 가야천에 한 지류가 합치는 삼각지에 자리잡고 있다. 『신증동국여지승람』 합천군 불우조(佛宇條)에는 "월광사는 야로현 북쪽 5리에 있는데 대가야 태자 월광이 창건하였다고 전한다(月光寺在冶爐縣北五里世傳大伽倻太子月光所創)."라는 기록만 보인다. 현재 경남 합천군 야로면 월광리에 있는 월광사지에는 신라시대의 석탑, 2기, 높이 5.5m, 보물 제129호. 월광사지에는 동서로 쌍탑이 있는데, 서탑은 무너져 있던 것을 근년에 수리 복원한 것이다.

월광태자=가야의 마지막왕 도설지(道設智)?

월광태자와 대가야의 마지막왕 도설지왕을 동일 인물로 보기도 한다. 도설지왕은 『삼국사기』 지리지 고령군조에 대가야의 마지막왕으로 기록되고 있다. 530년대 이후 신라가 가야지역으로 적극적으로 진출함에 따라 가야의 여러나라들은 신라의 가야지역 진출에 적극 대응할 수 밖에 없었다. 따라서 대가야도 반신라 친백제 정책으로 전환했다.

이러한 상황에서 신라 출신 왕비의 아들인 월광태자 즉 도설지는 난처한 상황에 놓이게 되었다. 즉 신라왕실의 피를 이어받은 도설지는 백제의 영향아래 놓이게 된 대가야에서 자신의 왕위계승권을 상실하게 되었고, 이 때문에 도설지가 신라로 망명하게 되었다. 550년 무렵에 신라의 군대가 적성(충북 단양)을 공략한 이후를 기록한 단양신라적성비에 도설지는 사탁부 출신의 신라인으로 나타나고 있다. 561

년 창녕 신라 진흥왕척경비에 그의 이름이 보이는데 도설지는 사탁부 출신의 신라인으로 진흥왕을 수행하였다. 이듬해 562년 신라는 대가야를 정복했다. 그리고 그 반발을 무마하기 위해 신라왕녀의 아들로서 신라에 와있던 도설지를 대가야왕으로 추대하였고, 이 사람이 월광태자라는 것이다.

하지만 신라의 마의태자처럼, 월광태자라는 이름으로 기록에 나타나는 것으로 보아 태자의 의미를 음미해 볼 필요가 있다. 태자라는 표현은 멸망에 어울리는 상징이 되고 왕으로 즉위하지 못했던 슬픈 운명을 말하고 있다. 따라서 월광은 태자로 표현되고 있는 것이다. 따라서 월광태자를 도설지왕으로 볼 수 있을지는 의문이다.

| 단양신라적성비 (성균관대학교 박물관, 2008) |

3. 신라 속의 가야사람들

1) 수로왕의 12세손, 김유신

나라가 망한 가야사람들은 어떻게 살았을까? 대부분은 신라 지배체제 속에서 노비로 전락하거나, 살던 곳을 떠나 강제 이주하여 생명을 이어갈 수 밖에 없었다. 아니면 먼나라로 정처없이 떠나기도 했다. 하지만 간혹은 세상에 이름을 떨쳤던 사람들도 있었다. 대가야를 떠나 가야금 12곡을 가지고 신라로 망명한 우륵이 그랬고, 가야출신이면서 외교문서에 능했던 강수(强首)도 마찬가지다. 그러나 그들도 가야

| 김유신묘 |

출신의 한계를 벗어나지는 못했다. 가야인이라는 이유로 우륵은 문화예술인이면서도 신라 문화의 중심지 경주에서 살지 못하고, 진흥왕에 의해 국원(지금의 충주)지방에 안치되었다. 강수가 중원경(지금의 충주) 사람이었다는 것도 강수의 조상들이 가야사람이었기 때문에 충주로 강제로 옮겨졌을 가능성이 크다.

신라의 최고 장수, 김유신

서현이 경진일(庚辰日) 밤에 형혹성(熒惑星) 과 진성(鎭星) 두 별이 자기에게로 내려오는 꿈을 꾸었다. 만명도 신축일(辛丑日) 밤에 한 어린아이가 황금 갑옷을 입고 구름을 타고 집 안으로 들어오는 꿈을 꾸고 곧바로 임신하여 20개월 만에 유신을 낳았다. 때는 진평왕 건복(建福) 12년(595), 수(隋) 문제(文帝) 개황(開皇) 15년 을묘였다.(『삼국사기』열전 김유신)

김유신은 가락국 왕족의 후예였다. 595년에 태어나 신라 태종무열왕대인 673년에 79세의 나이로 죽었다. 김해 가락국 수로왕의 12세손으로서 할아버지는 무력(武力), 아버지는 서현(舒玄), 어머니는 입종갈문왕의 아들 숙흘종의 딸 만명부인이다. 신라 태종무열왕 김춘추는 그의 둘째 여동생인 문희와 결혼했으며, 둘 사이에 태어난 사람이 삼국통일을 마무리했던 문무왕이다. 즉 김유신은 문무왕의 외삼촌이었다. 동생은 흠순(欽純)이다. 아내는 태종무열왕의 셋째딸인

| 김유신영정 |

지소부인이다. 아들 5형제와 딸 넷을 두었고, 서자인 군승(軍勝)이 있었다.

　김유신의 증조할아버지인 가락국의 10대 구해왕이 532년 신라 법흥왕에게 나라를 들어 항복했다. 그 결과 가락국의 왕족들은 신라의 최고신분인 진골이 되었다. 김유신의 일생은 신라의 삼국통일과정에서 빼놓을 수 없다.

15세에 화랑이 되었고, 35세 때부터 군공을 쌓기 시작했다. 백제의 신라침입으로 위태로웠던 때에 백제와의 전투에 전념하여 집에 들를 겨를 조차 없었다. 신라 귀족간의 갈등이 있었던 비담의 난 진압에 공을 세웠고, 태종무열왕이 즉위하면서 삼국통일에 주도적인 임무를 수행하였다. 66세인 660년에는 신라 귀족을 대표하는 최고 자리인 상대등이 되었다. 그리고 이 해에 대장군으로서 백제를 멸망시켰다. 673년에 죽으니 왕이 비단 1천필과 조 2천석을 주어 상사에 쓰게 했다. 신라 42대 흥덕왕때 흥무대왕(興武大王)으로 봉해졌다.

김유신의 이러한 삶은 그 이후의 역사서에도 적극 반영되었다. 『삼국사기』 열전 10권 가운데 김유신 열전이 세 권이었고, 가장 앞자리를 차지했다. 열전의 내용은 그의 현손(玄孫 ; 高孫)인 김장청이 쓴 『행록(行錄)』 열권과 김유신의 비문을 기초사료로 하였다.

할아버지 김무력, 아버지 김서현

김유신의 출세는 조상들의 노력과 무관하지 않았다. 할아버지 김무력은 진흥왕 12년(551)에 신라의 북방경략 과정인 단양 적성전투에 참여하였다. 그 결과로 「단양적성비」에 의하면 진흥왕을 따라 나섰던 10명의 높은 관료 중에 무력은 8번째로 기록되고 있다. 하지만 이 기록은 김유신가문의 정치적 비중이 높지 않았던 것을 보여주는 예이기도 하다. 하지만 진흥왕 15년 충북 옥천의 관산성전투에서 백제 성왕을

| 경주남산전경 (국립경주박물관, 1995) |

전사시키며 대승을 거두는데 결정적 역할을 했다. 이 전쟁은 가야의 여러 나라들이 더 이상 신라의 침략을 버티지 못하고 신라에 복속되는 계기가 된 전쟁이었다. 김무력은 이 전쟁을 계기로 김유신가문이 신귀족세력으로 성장하는 중요한 전기를 마련했다. 진흥왕 30년(569)경에는 마운령비에 상대등 거칠부 다음의 고관으로 기록되어 있어 김무력이 최고위층의 관료로 부상하고 있음을 알 수 있다.

김서현도 아들의 성장에 큰 몫을 하였다. 양주(良州 : 지금의 경상남도 양산) 총관이 되어 백제와의 싸움에서 여러 차례 공을 세웠으며, 진평왕 51년(629)에는 소판(蘇判)으로서 아들 김유신 등과 함께 고구려의 낭비성(娘臂城 : 지금의 충청북도 청주)을 공격하여, 5,000여 명을 참살하고 성을 함락시키는 전과를 거두었다. 하지만 무엇보다 김유신가문을 성장시켰던 중요한 계기가 된 것은 김서현이 신라왕실과 혼인했기 때문이다.

일찍이 서현이 길에서 갈문왕(葛文王) 입종(立宗)의 아들인 숙흘종(肅訖宗)의 딸 만명(萬明)을 보고, 마음에 들어 눈짓으로 꾀어, 중매를 거치지 않고 결합하였다. 서현이 만노군(萬弩郡)[현재의 충북 진천] 태수(太守)가 되어 만명과 함께 떠나려 하니, 숙흘종이 그

| 구형왕의 것으로 전해지는 무덤 |

제서야 딸이 서현과 야합한 것을 알고 미워해서 별채에 가두고 사람을 시켜 지키게 하였다. 갑자기 벼락이 문간을 때리자 지키던 사람이 놀라 정신이 없었다. 만명은 창문으로 빠져나가 드디어 서현과 함께 만노군으로 갔다.(『삼국사기』 열전 김유신)

서현은 만명부인과 결혼함으로써 신라 정치권력 깊숙이 진입할 수 있었다. 김유신가문은 신라의 최고신분층인 진골이었지만, 정통왕족이 아니었으므로 많은 차별을 받았다. 그것은 김서현과 만명부인의 결혼과정에서 잘 보여주고 있다. 김유신가문이 진골이었지만, 신라의 왕족이 아니었기 때문에 서현과 만명부인과의 사랑은 이루어질 수 없었다. 만명부인은 진흥왕의 동생인 숙흘종의 딸이다. 즉 신라왕실의 딸이었으므로 신라왕실에서 김서현과의 결혼을 반대하는 것은 당연한 일이었다. 결혼과정에서의 '야합'이니 '벼락' 등과 같은 표현은 정상적인 결혼이 아니었음을 보여준다. 하지만 이 결혼이 성사됨으로써 김유신가문은 신라왕실과의 혈연적 결합이 가능하게 되었다.

또 한 번의 정략결혼

김유신가문이 또 한번 성장할 수 있는 계기는 김유신의 여동생과 김춘추의 결혼이었다. 이 결혼도 평범한 모습은 아니었다.

처음에 문희의 언니 보희(寶姬)가 꿈에 서악(西岳)에 올라가서 오줌을 누었더니 오줌이 서울에 가득 찼었다. 이튿날 아침에 아우 문희에게 꿈 이야기를 했더니 문희는 듣고 청했다.

"내가 이 꿈을 사겠어요."

"무엇을 주겠느냐?"

"비단치마를 주면 되겠어요?"

"좋아."

문희가 옷깃을 벌리고 꿈을 받을 때 보희는 말했다.

"어젯밤 꿈을 너에게 준다."

문희는 비단치마로써 꿈값을 치렀다.

그 후 열흘 만에 유신은 춘추와 같이 정월 상오(上午) 기일(忌日)에 자기 집 앞에서 공을 차다가짐짓 춘추공의 옷을 밟아서 옷고름을 뜯어지게 하고는 말했다.

"내 집에 들어가서 달기로 합시다."

춘추공은 그 말에 따랐다. 유신은 아해(阿海)에게 옷고름을 달아드리도록 하니 아해는 "어찌 사소한 일로써 귀공자에게 경솔히 가까이할 수 있겠습니까?" 하고 사양했다.

이에 아지(阿之)에게 옷고름을 달아드리도록 시켰다. 춘추공은 유신의 뜻을 알아차리고 마침내 문희를 사랑했다. 이후로부터 춘추공은 자주 내왕했다.

유신은 문희가 아기를 밴 것을 알자 꾸짖었다.

"네가 부모에게 혼인할 것을 고하지도 않고 아이를 배었으니 무슨 일이냐?"

이에 온 나라에 선언하고 그 누이 문희를 불태워 죽이려 했다.

어느 날 선덕여왕이 남산에 놀러가심을 기다려, 유신은 뜰 가운데

나무를 쌓아놓고 불을 지르니, 연기가 일어났다. 왕이 그것을 바라보고 무슨 연기냐고 물으니 시종하는 신하들이 아뢰었다.

"아마 유신이 자기 누이를 불태워 죽이려는 것 같습니다."

왕이 그 까닭을 물었다.

"그의 누이가 남편도 없이 몰래 임신하였기 때문입니다."

"그것이 누가 한 짓이냐?"

때마침 춘추공이 왕을 모시고 앞에 있다가 얼굴빛이 아주 변했다. 왕은 말했다.

"그것은 네가 한 짓이니 빨리 가서 목숨을 구하라."

춘추공은 임금의 명을 받고 말을 타고 달려가서 왕명을 전하여 죽이지 못하게 하고 그 후 공공연히 혼례를 행했다.(『삼국유사』 제1권 제2 기이편 태종춘추공조)

김유신의 지략과 술수가 돋보이는 장면이다. 김유신의 여동생 문희와 김춘추의 결혼은 김유신의 뜻이 반영되었을 가능성이 크다. 공을 차다 유신이 김춘추의 옷을 밟아 옷고름이 뜯어지고, 그의 여동생 문희가 옷을 수선했다. 그리고 춘추는 유신의 집에 드나들며 문희를 임신시켰다. 하지만 신라왕실의 권력자인 김춘추와의 신분차이로 둘의 만남은 맺어질 수 없는 상황이었다. 이에 유신은 선덕여왕이 남산에 놀러가는 기회를 잡아, 동생 문희를 불태워 죽이려 하였다. 아마 유신의 집은 남산에서 보이는 곳에 위치해 있었을 것이다. 유신의 집에서 타오르는 연기를 본 여왕은 그 연유를 물었고, 일의 시작과 끝을 알게 되었다. 이리하여 김춘추와 문희의 사랑은 열매를 맺게 되었다.

김유신의 여동생과 김춘추의 결혼은 김유신의 정치적 입지를 확고히 하였다. 또한 문희는 김춘추와의 사이에서 문무왕을 낳음으로써 김유신가문은 신라왕실의 외척세력으로서 신라 권력중심부의 핵심에 놓일 수 있게 되었다.

아들 원술을 내쳤던, 김유신

민족사학자였던 신채호선생은 김유신을 뛰어난 장군이 아니라 권모술수가 능한 정치가로 이해했다. 하지만 김유신이 신라정부에서 출세가도를 달린 것은 그의 노력과 절제된 행동이 그 원인이 되었음을 다음의 이야기로 뒷받침된다. 천

| 천관사지 전경 (국립경주문화재연구소, 2004) |

관녀에 대한 이야기, 아들 원술에 대한 그의 태도이다.
 원술(元述)은 그의 둘째 아들이었다.

 대왕이 듣고 유신에게 "군사의 실패가 이러하니 어찌할까?" 하니, 대답하기를 "당나라 사람들의 모책을 헤아릴 수 없으니 장졸들로 하여금 각기 요소를 지키게 하여야 하겠습니다. 다만 원술은 왕명을 욕되게 하였을 뿐 아니라 또한 가훈을 저버렸으니 목을 베어야 하겠습니다." 하였다. 대왕이 말하기를 "원술은 비장(裨將)인데, 혼자에게만 중한 형벌을 시행함은 불가하다." 하고 용서해 주었다. 원술이 부끄럽고 두려워서 감히 아버지를 뵙지 못하고 시골 농장으로 가서 숨어 다니다가 아버지가 돌아간 뒤에 어머니를 뵙기를 청하였다. 어머니가 "부인(婦人)에게는 따라야 할 세 가지 의리(義理)가 있다. 내가 지금 과부가 되었으니 아들을 따라야 하겠지만, 원술은 이미 그 아버지에게 아들 노릇을 하지 못했으니 내가 어찌 그 어머니가 될 수 있겠느냐?" 하고 만나지 않았다. 원술이 통곡하며 가슴을 두드리고 땅을 구르면서 차마 떠나지 못하였으나, 부인은 끝내 보지 않았다. 원술이 탄식하며 "담릉으로 그릇된 것이 이렇게까지 되었다!" 하고 이에 태백산(太伯山)으로 들어가고 말았다.(『삼국사기』 열전 김유신)

 원술은 문무왕 12년(672) 당나라 군대와의 석문전투에서 비장(裨將)으로 참여하였다가 효천 등 7명의 장군이 전사할 때에 함께 죽지 않고 도망쳐 왔다. 아버지 김유신은 왕에게 사형시킬 것을 청하였지만, 왕은 들어주지 않았다. 그뒤 원술은 집으로 돌아오지 못했다. 김유신이 죽은 후 돌아왔지만, 어머니도 아들로 인정을 하지 않았다. 그 후 태백산으로 들어가 문무왕 15년(675)에 매소산성(買蘇川城)에서 당나라 군대를 격파한 공을 세웠으나 벼슬을 받지 않았다. 이처럼 김유신과 그의 아내가 아들에 보인 행동은 부모와 자식간의 사사로운 정에 얽매이지 않은 것이었다. 아들을 사랑하지 않는 부모가 어디 있으랴마는 김유신 부부는 아들을 굳건하게 키워 나라를 위해 목숨을 바치는 것이 그의 가문과 아들을 지키는 것이라 생각했던 것이다.

절제된 생활, 출세의 디딤돌이 되다

천관사(天官寺), 오릉의 동쪽에 있다. 김유신이 어린 시절에 어머니가 날마다 엄한 훈계를 하므로 함부로 남과 사귀어 놀지 않았는데 하루는 우연히 계집 종의 집에서 잠을 잤다. 어머니가 가르치기를, "나는 이미 늙었다. 낮이나 밤이나 네가 성장하고 공명을 세우고 임금과 어버이를 영화롭게 하기를 바라고 있다. 이제 네가 천한 아이들과 음탕한 방과 술집에서 놀아 작란하단 말이냐"하고, 울음을 그치지 않았다. 유신이 즉시 어머니 앞에서 다시는 그 집문을 지나지 않겠다고 맹세하였다. 하루는 술이 취해 집에 돌아오는데 말이 전일 다니던 길을 따라 그릇 창녀의 집에 이르렀다. 창녀가 한편으로 반기고 한편으로 원망하여 울면서 나와 맞이하였다. 유신이 이미 깨닫고는 타고 온 말을 베고 안장을 버린 채 돌아갔다. 그 여자가 원망하는 노래 한 곡조를 지어 세상에 전해지고 있다. 절은 바로 그 여자의

집이며, 천관(天官)은 그 여자의 이름이다.(『신증동국여지승람』 경주부 천관사)

또 다른 김유신의 일화이다. 여자와 놀아나던 김유신, 어머니의 훈계를 받아들였고, 또 다시 여자의 집으로 이끌었던 말못하는 짐승인 말을 목 베어 죽였다. 이러한 행동이 김유신으로 하여금 신라정부에서 성공할 수 있었던 이유였다. 절제된 행동과 어머니에 대한 효성은 그를 신라 최고의 장

| 문무왕수중릉 |

군, 정치가로 만들었던 것이다.

이러한 이유 때문에 모든 사람들이 김유신을 섬기고 받들었던 것이다. 그의 사람됨은 그의 열전 끝부분에 적혀있는 김부식의 말에서도 알 수 있다.

> 사대부가 알아줌은 당연하지만 꼴베고 나무하는 어린이까지도 능히 알고 있으니 그 사람됨이 반드시 다른 사람과 차이가 있었기 때문이다.(『삼국사기』 열전 김유신 하)

김유신의 이러한 사람됨과 신라정부에 기여했던 일들로 인해 그가 죽은 뒤에도 신라왕들은 그에 대한 칭송을 아끼지 않았다. 따라서 그의 후손들도 권력을 유지할 수 있었다. 유신의 손자인 윤중은 관등이 대아찬에 이르렀으며, 신라의 최고 관직인 중시(中侍)에 오르기도 하여 왕족들이 이를 시기할 정도였다.

> [유신의] 적손(嫡孫) 윤중(允中)은 성덕대왕(聖德大王) 때 벼슬하여 대아찬이 되고 여러 번 임금의 은혜를 입었는데, 왕의 친속들이 자못 질투하였다. 때마침 8월 보름이었는데 왕이 월성(月城) 산 위에 올라 경치를 바라보며 시종관들과 함께 주연을 베풀고 즐기면서 윤중을 부르게 하였다.(중략) 왕이 말하였다. "지금 과인이 경들과 더불어 평안 무사하게 지내는 것은 윤중 조부의 덕이다. 만일 공의 말과 같이 하여 잊어버린다면, 착한 이를 좋게 여겨 자손에게 미치는 의리가 아니다." 드디어 윤중에게 가까운 자리를 주어 앉게 하고,

그 조부의 평생 일을 말하기도 하였다. 날이 저물어 [윤중이] 물러가기를 고하니, 절영산(絶影山)의 말 한 필을 하사하였다. 여러 신하들은 불만스럽게 바라볼 뿐이었다.(『삼국사기』 열전 김유신 하)

2) 봉림선문 개창한, 심희

경남 창원시 봉림동에는 통일신라시대 선종 9산문의 하나였던 봉림사가 있었다. 봉림사는 조선시대에 이르러 폐사가 된 것으로 전해지지만 그 절터에는 비석이 하나 있었는데, 봉림사진경대사보월능공탑비(鳳林寺眞鏡大師寶月凌空塔碑)이다. 현재는 국립중앙박물관에 보관되어 있으며, 보물 363호이다.

이 비가 서울로 옮겨진 것은 일제 강점기였던 1919년이다. 조선총독부는 봉림사 절터에 자리잡고 있던 비를 서울 경복궁으로 옮겨 간 것이다. 그 비석을 옮긴 이유는 무엇이었을까?

일본은 한반도를 식민지로 만들면서 그 이전부터 진행해왔던 조선지배의 정당성을 확보하기 위한 역사적 증거를 찾으려 애썼다. 특히 고대 일본이 남한지역의 일부분을 직접 지배했다는 임나일본부(任那日本府)설의 흔적을 찾기 위해 혈안이 되어있었다. 그러던 중 봉림사터에 있었던 비석에서 '임나(任那)'라는 글자가 새겨진 비석하나를 발견한 것이다. 이 비석을 임나일본부설의 근거로 삼으려고 서울로 옮겨갔다. '임나'는 『일본서기』에 수많이 등장하는 용어였기 때문이다.

| 창원 봉림사지 전경 |

가락국의 후예, 심희

심희는 가야의 후예였다. 비문에는 "진경대사의 이름은 심희이고 속성은 신김씨(新金氏)이다. 그 조상은 임나(任那)의 왕족으로, 거친 풀밭에서 성스러운 가지가 빼어났다."라고 하였으며, 신라의 삼국통일에 커다란 공을 세웠던 흥무대왕(興武大王) 즉 김유신의 후손이라 하였다. 임나라는 용어는 가야를 지칭하는 말로 『일본서기』에 주로 사용되고 있지만, 비문에서 심희를 임나왕족이라 한 것은 신라인들이 임나가 옛 김해지역에 있었던 가락국의 별칭이라는 것을 알려주고 있다.

심희의 아버지는 배상(盃相)이다. 도(道)가 장자와 노자보다 높았고, 뜻은 중국의 장수한 선인(仙人)을 사모하였으며, 신라조정에서는 그가 벼슬길에 뜻이 없음을 안타깝게 여겼다. 어머니는 박씨인데, 일찍이 앉은 채로 깜빡 졸다가 꿈에서 좋은 징조를 얻어 대사를 잉태하였다. 곧바로 비린내 나는 음식을 끊고 몸과 마음을 깨끗이 비웠으며, 남몰래 그윽한 신령에 감응하여 지혜로운 아들 낳기를 기원하였다.

심희는 신라 문성왕 17년인 855년 12월 10일에 태어났다. 태어나면서부터 기이한 자태가 드러나고, 어려서도 철부지 같은 마음이 없었다. 출가전에도 불교에 심취해 모래를 쌓아 탑을 이루고 잎을 따다 향으로 바쳤다.

진경대사 심희가 출가한 것은 아홉 살 때였다. 중국에 유학하여 돌아온 선승으로서 가장 먼저 국사(國師)로 봉해진 현욱(玄昱)이 그의 스승이다. 승려 현욱은 심희가 지혜의 싹이 있음을 알고 제자로 삼았다. 이로부터 10년후 스승인 현욱이 열반에 들어 사별하자, 정처없이 발길 닿는 대로 떠돌아 다니기도 하였다.

봉림사를 창건한 심희

전국을 다니면서 수행하였는데, 광주, 설악, 명주(지금의 강릉) 등 당시 반신라(反新羅)적 정서가 팽배한 곳이 많았다. 이러한 그의 행적은 당시 지방사회와 그 백성들의 고통을 이해하고, 신라정부와 왕실의 몰락을 예견할 수 있게 하였다. 그가 머무는 곳에는 많은 선승들이 모여들었고 지역의 민심에도 영향을 주었다.

| 봉림사 진경대사보월능공탑비(위)와 탑(아래) |

888년부터 898년까지 10여년간 송계(松溪 : 전남 강진)에 자리를 잡자, "배우려는 사람들이 빗방울처럼 모여들었으며", 잠시 설악에 머물자 선객(禪客)들이 바람처럼 달려왔다. 또 명주로 가서 머무르니 "주변 천리가 잘 다스려져 편안하고 한 지방이 새롭게 변하기도"하였다.

심희가 창원에 이르게 된 것은 20여 년 동안 전국을 다니며 수행을 거듭한 후의 일이었다. 그가 창원으로 와서 머물게 된 배경은 무엇이었을까? 심희가 이곳 창원으로 온 것은 무엇보다 '복림(福林)'이라 불리우는 길지(吉地)가 있었고, 그를 후원하려는 재지세력들이 있었기에 가능하였다. 봉림사가 만들어지는 데에는 김해지역의 최고 세력가인 김율희가

| '鳳林寺'란 글자가 새겨진 기와 |

적극적으로 지원하고, 진례성의 김인광이 실질적으로 도와주면서 이루어질 수 있었다.

"얼마 후 김해의 서쪽에 복림(福林)이 있다는 말을 멀리서 듣고, 갑자기 이 산을 떠나 남쪽으로 가겠다고 말하였다. 진례에 이르러 잠시 머뭇거리니, 이에 진례성제군사(進禮城諸軍事) 김율희(金律熙)가 도를 사모하는 정이 깊고 가르침을 듣고자 하는 뜻이 간절하여, 경계 밖에서 기다리고 있다가 성안으로 맞아들였다. 그리고 절을 고쳐주며 법의 수레가 머물도록 청하였다."(「진경대사비문」)

"이보다 앞서 지김해부진례성제군사 명의장군(知金海府進禮城諸軍事明義將軍) 김인광(金仁匡)이 가정에서는 아버지의 가르침을 받고, 임금에게는 충성을 다하였으며 선문에 귀의하여 숭앙하고 절을 고치는 것을 도왔다."(「진경대사비문」)

김율희와 김인광은 신라말의 지방세력인 호족이었다. 신라말의 사회는 혼란 그 자체였다. 중앙정치는 왕위 계승을 둘러싼 진골귀족들의 정권 투쟁이 날로 격화되고 있었다. 지방사회에서는 도적떼가 날뛰었으며 자연재해와 과도한 세금 수탈로 말미암아 여기저기서 민중의 한숨소리가 터져 나오고 반란이 일어나고 있었다. 이 시대를 살았던 대표적 지식인이었던 최치원은 이같이 어려운 당시의 상황을 가리켜 "나쁜 것 중의 더욱 나쁜 것이 없는 곳이 없었고, 굶어 죽고 싸우다 죽은 시체가 들판에 널려 있었다"고 고발하고 있다.

이러한 상황에서 지방에서는 새로운 실력자로서 호족들이 등장하여 새로운 사회로의 전환을 주도하고 있었다. 호족들은 그들의 권력을 유지하기 위한 사상적 기반으로 불교의 새로운 종파인 선종을 받아들이고 적극 지원하였다.

신라말 고려초에 선종 계통에서 세운 사원으로서 명성을 떨치던 곳은 전국에 아홉 개가 있었는데, 이를 일컬어 선종 9산문(山門)이라 한다. 그 중 하나가 봉림사인데 진경대사가 김해지역 호족들의 지원을 받아 창건한 경상도에 세워진 유일한 산문이다.

창원에 봉림사를 개창한 이유는?

임나왕족이었던 진경대사가 김해지역과 가까운 창원에서 김해지역 지방호족들의 지원을 받아 봉림산문을 개창한 이유는 무엇이었을까? 신라에 복속된 김해 가락국의 후예였기 때문이었을까?

김유신의 후손이었던 심희의 아버지는 관직을 갖지 못하고 도가적인 분위기 속에서 속세를 떠나 은거하고 있었다. 이것은 신라말에는 김유신의 후손들이 신라의 지배층의 위치에서 배제되어 관직을 얻지 못하였음을 알 수 있다. 진경대사가 선종을 택하고, 김해지역 지방호족의 도움을 받아 봉림사를 개창한 것은 신라 경주의 지배세력에 대한 반발로 볼 수 있다. 또한 김해지역에는 여전히 가락국의 후예들이 토착세력으로 건재하였음을 보여주기도 한다.

| 구산선문의 위치 |

창원의 봉림사터

창원의 봉림산에는 봉림사지가 있다. 이 터는 안으로 들어가면 주머니 모양으로 안온하여 마치 깊은 산속에 들어와 있는 느낌을 갖게 한다. 그러나 밖으로 나오면 사통팔달(四通八達)로 교통이 용이하다. 절 앞으로는 부처고개라 불리는 지름길이 나있는데 그 너머로 여러 육로와 연결되었다. 또한 창원분지 안으로 깊숙히 들어와 있는 지이포(只耳浦)와 가까워서 이를 이용하면 남해안(南海岸)의 해상로와도 쉽게 연결된다.

봉림사는 신라말의 역사를 간직한 대표적 사찰 가운데 하나이다. 여기에는 많은 선승들이 운집하였는데, 그 숫자가 한 때는 5백 인에 가까웠을 것으로 추론된다. 한편, 심희가 봉림사에 머무르는 동안 신라 왕실도 각별한 관심을 보이고 있었다. 특히 효공왕(孝恭王)~경명왕(景明王)에 이르는 시기에는 그 정도가 더 하였고, 마침내 심희는 경주에 있는 왕성을 다녀오기도 하였다.

효공왕은 심희의 법력을 구하고 진경대사는 직접 나아가 '나라를 다스리고 백성을 편안히 하는 방법'을 설하였다. 이로보아 당시 심희는 국사에 버금가는 우대를 받았을 것으로 보인다.

진경대사와 그 흔적들

봉림사터는 임진왜란 때 폐사가 된 것으로 추정되고 있다. 절의 규모나 구조에 대해 자세히 알 수 없지만 이곳에는 건물터, 연못, 탑의 흔적이 남아있다. 또한 경복궁내에 있는 진경대사 보월능공탑(보물 제362호)과 탑비(보물 제363호)는 물론 상북초등학교내의 삼층석탑이 여기에서 반출된 것으로 알려져있다

이 탑비는 원래 경상남도 창원군 봉림사 절터에 있던 것을

| 창원 봉림동마애석불입상 |

1919년 조선 총독부가 서울 경복궁으로 옮겨 온 것이다. 제액(題額)은 '고진경대사비(故眞鏡大師碑)'이다. 비문의 제목은 '유당(有唐)신라국(新羅國)고국사(故國師)시진경대사(諡眞鏡大師)보월능공지탑(寶月凌空之塔) 비명(碑銘)'이다. 진경대사는 신라 문성왕 17년인 855년에 태어나 경명왕 7년인 923년에 입적하였는데, 이에 경명왕은 '진경'이란 시호를 내리고 탑명을 '보월릉공'이라 하였다.

탑비의 밑변이 거의 수평으로 절단된 후 없어져, 원형에 맞추어 비석을 보완하여 비좌(碑座)에 맞추었다. 전체적으로 섬세하고 유려하나 통일신라 말기의 형식화된 기풍을 보

267

| 진경대사보월능공탑비와 탑이 있었던 자리(좌우) |

여주고 있다. 탑비의 건립 연대는 통일신라 경애왕 1년인 924년쯤으로 밝혀졌다. 귀부(龜部)는 짧고 직립한 목 위에 비대해진 용두(龍頭)를 갖추고 있다. 큰 입에는 여의주를 물고 있다. 비신(碑身) 양측면에는 다른 비에서는 보기 힘든 운룡문(雲龍文)이 장식되어 있는데 이는 고려 석비에 나타나는 운룡문에 영향을 미친 듯하다.

발굴된 봉림사

봉림사 터는 1995~1998년까지 4차례에 걸쳐 국립가야문화재연구소에 의해 발굴조사가 실시되었다. 금당(金堂) 자리와 탑 자리가 확인되고, 절터의 중심으로 추정되는 곳에

는 타원형의 못이, 그리고 가운데는 수미산(須彌山)으로 보이는 조산(造山)도 발견되었다. 그리고 동쪽으로는 건물지의 일부와 배수시설 등이 발견되었다. 건물지에서는 '봉림사(鳳林寺)'라는 글이 새겨져 있는 기와 조각들이 헤아릴 수 없을 만큼 많이 수습되었다.

 터를 둘러보다 보면 중요 유물이 있던 자리에 표석이 하나 서 있다. 진경대사보월능공탑과 탑비(塔碑)가 서 있던 자리이다. 내용을 보면 1919년 조선총독부에서 옮겨 갔다는 표지석이다. 이들은 현재 국립중앙박물관에서 소장·관리되고 있다. 진경대사보월능공탑은 봉림사 터에 있던 진경대사의 사리를 봉안한 석조 기념물이다. 탑비와 함께 조선총독부가 경복궁으로 옮기면서 원래의 자리를 떠나게 되었다. 전형적인 통일신라 양식의 팔각원당형(八角圓堂形) 부도로 형태상 고려전기의 새로운 양식으로 옮겨가는 과도기의 작품으로 평가되고 있다. 보물 제362호로 지정되어 있는데 형태가 아름답다.

참고문헌

김태식, 『가야연맹사』, 일조각, 1993.
이영식, 『가야제국과 임나일본부』, 길천홍문관, 1993.
백승충, 『가야의 지역연맹사연구』, 부산대 박사학위논문, 1995.
경상북도, 『가야사연구-대가야의 정치와 문화-』, 1995.
부산경남역사연구소, 『시민을 위한 가야사』, 집문당, 1996.
국립창원문화재연구소, 『묘제와 출토 유물로 본 소가야』, 1999.
부산대 한국민족문화연구소, 『가야각국사의 재구성』, 혜안, 2000.
정중환, 『가야사연구』, 혜안, 2000.
부산대 한국민족문화연구소, 『한국고대사 속의 가야』, 혜안, 2001.
김태식, 『미완의 문명 7백년 가야사 1·2·3』, 푸른역사, 2002.
남재우, 『안라국사』, 혜안, 2003.
백승옥, 『가야각국사연구』, 혜안, 2003.
권주현, 『가야인의 삶과 문화』, 혜안, 2004.
가야사정책연구회, 『가야, 잊혀진 이름 빛나는 유산』, 혜안, 2004.
동아대학교박물관, 『고성송학동고분군』, 2005.
고령군 대가야박물관, 『대가야 들여다보기』, 계명대한국학연구원, 2006.
남재우, 『이리기야 역사읽기』, 경남문화, 2007.
조영제, 『옥전고분군과 다라국』, 혜안, 2007.
조법종 외, 『이야기 한국고대사』, 청아출판사, 2007.
조원영, 『가야, 그 끝나지 않은 신화』, 혜안, 2008.
국립가야문화재연구소, 『1500해앞 16살 여성의 삶과 죽음』, 2009.
김태식 외, 『악사 우륵과 의령지역의 가야사』, 홍익대인문과학연구소·우륵문화
 발전연구회, 2009.
창녕군·경북대 영남문화연구원, 『한국고대사 속의 창녕』, 2009.
이영식, 『이야기로 떠나는 가야 역사여행』, 지식산업사, 2009.
이영식, 『새 천년의 가락국사-한 권으로 읽는 가야사-』, 김해향토문화연구소,
 2009.
이형기, 『대가야의 형성과 발전연구』, 경인문화사, 2009.
부산대학교 한국민족문화연구소, 『고대 창녕지역사의 재조명』, 2011.

국립경주박물관, 『경주 남산』, 1995.
경상북도, 『가야문화도록』, 1998.
국립청주박물관, 『한국 고대의 문자와 기호유물』, 2000.
경성대학교박물관, 『김해 대성동 고분군Ⅰ』, 2000.
신라대학교박물관, 『신라대학교박물관』, 2000.
국립중앙박물관, 『낙랑』, 2001.
국립경주박물관, 『문자로 본 신라』, 2002.
국립창원문화재연구소, 『함안 마갑총』, 2002.
경남문화재연구원, 『함안 묘사리 윗장명 요지』, 2002.
박천수, 홍보식, 이주헌, 류창환, 『가야의 유적과 유물』, 학연문화사, 2003.
국립경주문화재연구소, 『경주 천관사지』, 2004.
대성동고분박물관, 『김해의 고인돌』, 2004.
함안박물관, 『함안박물관』, 2004.
대성동고분박물관, 『금관가야의 대외교류』, 2005.
합천박물관, 『황강, 옥전 그리고 다라국』, 2005.
경북대학교박물관, 『전 대가야 궁성지』, 2006.
동아세아문화재연구원, 『함안 충의공원 조성부지 내 유적』, 2006.
동아세아문화재연구원, 『김해 가야의 숲 조성부지 내 김해 무계리 공동주택 건설부지 내 유적』, 2006.
국립김해박물관, 함안군, 『함안 말이산 4호분』, 2007.
경남문화재연구원, 『함안 오곡리 유적Ⅰ』, 2007.
창녕박물관, 『창녕박물관 소장유물도록』, 2007.
국립김해박물관, 『비봉리』, 2008.
경남대학교박물관, 『문명에 드리운 자연의 은유』, 2008.
성균관대학교박물관, 『돌에 새겨진 신라인의 삶』, 2008.
우리문화재연구원, 『함안오곡리87번지유적』, 2008.
국립중앙박물관, 『갈대밭 속의 나라 다호리-그 발굴과 기록-』, 2009.
삼강문화재연구원, 『김해 회현리패총Ⅰ』, 2009.
삼강문화재연구원, 『김해 관동리 삼국시대 진지』, 2009.
국립가야문화재연구소, 국립김해박물관, 창녕군, 고령군, 『비사벌』, 2010.

국립가야문화재연구소, 「국립가야문화재연구소 20년의 발자취 1990~2010」, 2010.
삼강문화재연구원, 「진주 창촌리 유적-삼한~조선묘」, 2010.
동아세아문화재연구원, 「고성 송학동 고분(기월리 1호분) 발굴조사 2차 자문위원회 및 현장설명회」, 2011.
창원대학교박물관, 「또 하나의 기록」, 2011.
한국문물연구원, 「창원 봉림 임대주택 예정부지 내 유적」, 2011.

저자소개

남재우

성균관대학교 대학원 사학과에서 '안라국의 성장과 대외관계 연구'로 박사학위를 받았다. 지금 창원대학교 사학과 교수로 재직하고 있으며, 박물관장을 겸하고 있다. 저서로는 『안라국사』, 『아라가야역사읽기』 등이 있다. 『가야 각국사의 재구성』, 『마산창원역사읽기』, 『창원 600년사』 등의 여러 역사서 저술에도 참여했다.